Lotte Bormuth

LEBEN IM GEGENWIND

Lotte Bormuth

Leben im Gegenwind

Schicksale, die zu Herzen gehen

FRANCKE
Verlag der Francke-Buchhandlung GmbH

Über die Autorin:
Lotte Bormuth ist eine der erfolgreichsten christlichen Autorinnen des deutschsprachigen Raumes. Über eine halbe Million Exemplare ihres mehr als 50 Titel umfassenden Werkes haben mit Lebensbildern, Berichten und selbst erlebten Begebenheiten unzähligen Menschen Trost, Mut und Freude am Glauben vermittelt. Sie hat fünf Kinder und 13 Enkelkinder und lebt mit ihrem Mann in Marburg.

Bibliografische Information Der Deutschen Bibliothek
Die Deutsche Bibliothek verzeichnet diese Publikation in der Deutschen Nationalbibliografie; detaillierte bibliografische Daten sind im Internet über http://dnb.ddb.de abrufbar.

ISBN 3-86122-803-3

35037 Marburg an der Lahn
Umschlaggestaltung: Henri Oetjen, Design Studio Lemgo
Satz: Verlag der Francke-Buchhandlung GmbH
Druck: Oldenbourg Taschenbuch GmbH

www.francke-buch.de

Inhaltsverzeichnis

Vorwort

Als ich mich für eine Vortragsreise rüstete, fragte mich meine Tochter: „Mutti, was ist deine Hauptaufgabe, wenn du für Gott unterwegs bist?“ Die Antwort fiel mir nicht schwer: „Trösten, trösten und noch einmal trösten.“

Früh war mir in meiner Ehe ein weites Erprobungsfeld dazu gegeben. In einer kinderreichen Familie, wie wir es sind, bleibt es nicht aus, dass schwere Erkrankungen und Unfälle uns bedrohen. Jedenfalls war dies bei uns so. Ein schlimmer Keuchhusten brachte zwei meiner Kleinen an den Rand des Todes. Ich denke dabei an eine Nacht, als die Erstickungsanfälle ihnen die Luft zum Atmen nehmen wollten. Da habe ich zu Gott geschrien, und er hat unseren Kindern geholfen.

Außerdem sind drei meiner Söhne vom Rad gestürzt, weil sie ein Auto angefahren hatte, und mir wurde die Nachricht überbracht, dass sie im Krankenhaus lägen.

Einmal kam ich vom Unterricht nach Hause und sah unseren Johannes heulend am Fenster stehen: „Mama, ich kann's nicht bezahlen! Ich kann es wirklich nicht bezahlen!“ Was war passiert? Unser Fünfjähriger hatte am Straßenrand gestanden und Hagebutten auf den Asphalt geworfen. Dabei war ihm ein Steinchen zwischen die Finger geraten, das sich in seiner Hosentasche versteckt hatte. Gerade in diesem Augenblick fuhr ein fabrikneuer Opel Rekord an ihm vorbei. Das Steinchen machte klick und ließ an der vorderen Autotür einen kleinen schwarzen Fleck zurück. Zornig stieg der Fahrer aus, packte unseren Johannes am Kragen, schüttelte ihn kräftig und schrie ihn an: „Das wirst du teuer bezahlen müssen!“ Das Kind war untröstlich, weinte und weinte. Da drückte ich meinen Jungen fest an mich und strich ihm über das Haar. „Johannes, du musst gar nichts bezahlen, dein Papa bezahlt alles." Der kleine Kerl schluchzte noch einmal auf, war dann still und ruhte in meinen Armen, bis der Schmerz ganz nachließ.

Als meine Kinder die Schulbank drückten, verstand ich das Wort einer Kultusministerin sehr wohl, wenn sie sagte: „Sie haben so traurige Augen. Haben Sie auch Kinder im schulpflichtigen Alter?" In dieser Zeit waren meine Augen oft traurig, und ich musste viel trösten, wenn wieder mal eine Rechenarbeit verkorkst war und im Zeugnis eine Fünf drohte oder wenn sich ein Kind vom Lehrer unverstanden fühlte und Angst hatte, das Klassenziel nicht erreichen zu können.

Ein Dienst aber forderte bei mir das Trösten besonders heraus: die Telefonseelsorge. Über 25 Jahre habe ich ehrenamtlich vor allen Dingen zur Nacht den Hörer in die Hand genommen. Zu meinem Aufgabengebiet gehörte es, selbstmordgefährdete und depressive Menschen zu betreuen. Hätte ich da nicht um den Trost Christi in seinem Wort gewusst, ich hätte den Dienst bald wieder quittieren müssen. So empfand ich es als ein großes Vorrecht, Verzweifelten Mut vom Evangelium her zuzusprechen.

Die Zahl der Menschen, die Seelsorge suchen, ist beträchtlich. Gerade auf Freizeiten und auf Frühstückstreffen fassen Zuhörer Vertrauen zu mir und laden ihre Sorgen bei mir ab. Manchmal bitten sie mich auch, ihre schweren Lebensschicksale niederzuschreiben. So ist auch dieses Buch entstanden. Den Titel habe ich mit Bedacht gewählt. Wenn uns der Wind des Lebens entgegenweht und wir mit leidvollen Erfahrungen konfrontiert werden, ist einer immer noch Herr der Lage. Gott ist größer als unser Leid. In Gefahren weiß er uns zu beschützen und in Todesnot spricht er uns den Trost der Auferstehungshoffnung zu.

Wie nahe kommt mir Gott gerade in solch notvollen Situationen. Johann Frank hat diese Erfahrung wunderbar in einem Liedvers ausgedrückt:

„Weicht, ihr Trauergeister,
denn mein Freudenmeister,
Jesus, tritt herein.
Denen, die Gott lieben,
muss auch ihr Betrüben
lauter Freude sein.
Duld ich schon
hier Spott und Hohn,
dennoch bleibst du auch im Leide,
Jesus, meine Freude."

„Ich bin ein Grenzgänger“

Schwester Hella erzählt:

Ein Grenzgänger bin ich, jedenfalls habe ich mich immer so gefühlt; aber ein Grenzgänger besonderer Art, der sein Leben lang unter der Gnade Gottes stand. Das wurde mir besonders bewusst, als ich während meiner Ferien die Stätten kennen lernte, in denen viele meiner Verwandten mütterlicherseits im Rahmen der Judenvernichtung im Dritten Reich in den Gaskammern umgekommen sind.

So besuchte ich z. B. das ehemalige Konzentrationslager Dachau. Ich durchforstete das riesige Gelände, die Baracken, die Schlafsäle, den Waschraum, die Gaskammern und Verbrennungsöfen sowie die Großbilderhalle; plötzlich durchfuhr mich wie ein Blitz der Gedanke: *Auch du hättest hier einen qualvollen Tod sterben können. Es war allein die Güte und Freundlichkeit Gottes, die dich vor einem solch schrecklichen Erstickungstod bewahrt hat.*

Ich kenne viele Jahre ohne feste Bleibe und Heimat. Oft wurde ich hin- und hergeschoben. Früh fingen meine Grenzüberschreitungen an. Ich war drei Jahre alt, als mich meine Mutter mit meiner achtjährigen Schwester zum Großvater nach Pleschen bei Posen schickte. Aber schon damals ist ein Wort der Bibel mit mir mitgegangen, das ich nicht mehr vergessen habe. Kurz vorher geriet ich in Hamburg mit meiner Schwester in eine Straßenevangelisation für Kinder, wo der Name „Jesus“ oft genannt wurde und in mein Herz fiel. Das Bild vom guten Hirten, der seine Schafe weidet und behütet, hat sich mir tief eingeprägt und mich zeitweilig begleitet, obwohl ich sonst nichts über ihn wusste. „Der Herr ist mein Hirte, mir wird nichts mangeln.“ (Psalm 23)

Ostwärts führte mich als Kleinkind meine erste Reise, der viele folgen sollten: Berlin, München, Erlangen und in verschiedene Städte der Tschechoslowakei und Polens. In Deutschland tobte der Erste Weltkrieg, und die Lebensmittel wurden knapp. Meine Mutter fürchtete, wir könnten an Unterernährung erkranken, und schickte uns deshalb zu unseren Verwandten ins Ausland väterlicher- und mütterlicherseits. Liebevoll wurden wir überall aufgenommen und bestens betreut.

Auch wenn uns unsere Verwandten in rührender Weise versorgten, so fühlten wir uns doch einsam. Es fehlte uns an Spielgefährten; denn sonderbarerweise lehnten uns unsere Cousins und Cousinen ab; wir passten nicht in ihr Milieu. Unter dieser Ablehnung als kleines Mädchen habe ich gelitten, und sie hörte auch nicht auf, als ich heranwuchs.

Der Zwiespalt in meiner Persönlichkeit und in meinem Leben lag darin begründet, dass ich in eine Familie verschiedener Nationalität, verschiedenen Standes und verschiedener Religion hineingeboren wurde. Mein Vater stammte aus dem römisch-katholischen Adelsgeschlecht Czeniek von Wartenberg. Allerdings wurde den Adligen 1919 durch die Kriegswirren in Österreich und der Tschechoslowakei der Titel aberkannt. Meine Mutter gehörte zu dem orthodox-jüdischen Priestergeschlecht Henoch vom Stamme Aaron.

In Hamburg, der wunderschönen, aufblühenden Hafenstadt, wurde ich 1913 geboren. Ich liebte diese Stadt mit ihren vielen Schiffen. Bei gelegentlichen Spaziergängen bewunderte ich die großen Ozeandampfer. Vor allen Dingen gefiel mir das Meer. Stolz fuhren die Schiffe mit ihren nationalen Flaggen in die Welt hinaus. Später, als mein Leben eng und begrenzt wurde, hat mich oft die Sehnsucht nach Weite gepackt. Von dem Meer und seinen Wogen war ich begeistert, und noch heute könnte ich Stunden am Strand zubringen, die Wellen beobachten und dem Flug der Möwen nachschauen. Ihre krächzenden Rufe klingen mir wie Musik in den Ohren. Heimat bleibt Heimat, muss ich dann denken, ganz gleich, wie heftig die Stürme über das Leben hereinbrechen und uns aus dem Wurzelboden reißen wollen.

Als ich das Licht der Welt erblickte, war Mutter 27 Jahre alt. Einen Beruf hatte sie nicht erlernt. Damals war es noch nicht üblich, dass Frauen im Wirtschaftsleben tätig waren. Mein Vater war mit seinen 38 Jahren wesentlich älter als Mutter; er war als Maschinenbau-Ingenieur und Architekt tätig. Da er eine Jüdin geheiratet hatte, wurde er von der römisch-katholischen Kirche exkommuniziert. Fortan stand in seinem Pass unter der Rubrik Religion: freisinnig. Ob er sehr darunter gelitten hat, weiß ich nicht zu sagen. Wenn ich mit ihm über Glaubensfragen ins Gespräch kommen wollte, wich er mir aus und begann ein anderes Thema. Über alles konnte ich mit ihm reden, nur nicht über Gott, den Schöpfer meines Lebens.

Nur einmal überraschte ich ihn, als ich in unser Wohnzimmer stürmte und ihn im Sessel sitzen fand. In seiner Hand hielt er den Rosenkranz und ließ die Perlen durch seine Finger gleiten. Durch eine Explosion in seiner Firma hatte er eine schwere Kopfverletzung erlitten. Ob diese Verletzung dazu beigetragen hatte, dass bei Vater das Verlangen nach Gott aufbrach?

Meine Eltern haben sich in Hamburg kennen gelernt und wohnten zunächst in einem vornehmen christlichen Stadtteil. Als Vater in den Ersten Weltkrieg eingezogen wurde, siedelte meine Mutter nach ungefähr einem Jahr in ein jüdisches Viertel Hamburgs über, in eine Wohnung gegenüber einer Synagoge. Ihre jüdische Religion konnte sie nie ablegen, obwohl sie meinte, durch die Heirat meinem Vater zuliebe auch freisinnig leben zu können. Ich sehe Mutter noch heute vor mir, wie sie vor dem Essen ihre Lippen zu einem Gebet leise bewegte.

Gern hätte sie gesehen, wenn ich zum jüdischen Glauben übergetreten wäre; aber das wollte ich nicht. Bedrängt hat sie mich zwar nie. Ich wollte meinen Schulkameraden gegenüber nicht abseits stehen und wollte auch konfirmiert werden. Das brachte natürlich für mich wieder manche Probleme mit sich, da ich sowohl mit dem Christentum als auch mit dem Judentum konfrontiert wurde und auch ohne Begleitung meiner Eltern die kirchliche Einsegnung über mich ergehen lassen musste.

Erzogen wurden wir zwei Schwestern eigentlich von Mutter allein. Mein Vater war als Schiffsingenieur meist auf See. Ihn drängte es, die weite Welt kennen zu lernen. Das Blut wallte ihm in den Adern, wenn er auf den Meeren von Land zu Land reiste. Er versorgte meine Mutter finanziell vom Schiff aus und wusste uns Kinder in Mutters Hand gut betreut.

In der Zeit nach dem Ersten Weltkrieg war die Lage in Deutschland katastrophal. Viele Menschen mussten hungern. Auch ich war recht schwach und abgemagert und neigte zu Rachitis. Für meine Schwester und mich war es ein Vorrecht, nach Polen zu meinen reichen Verwandten reisen zu können. Dort bekamen wir genügend zu essen.

Großvater erzog mich streng nach jüdischem Brauch; aber schon damals mussten die etwa fünfzig jüdischen Familien in Pleschen Beschimpfungen und Demütigungen von halbstarken polnischen Jugendlichen hinnehmen. Manchmal haben freche Jungen abends an die geschlossenen Fensterläden geschlagen und meinen Großvater mit hässlichen Schimpfworten bedacht, so dass mir angst war.

Nach dem Krieg wurde die Provinz Posen an Polen abgetreten. Der Hass gegen die Juden nahm zu. So mussten die jüdischen Familien eng zusammenrücken. Die Synagoge wurde umzäunt. Großvater blieb aber in seinem Eckhaus wohnen. Er übte weiter sein Amt als Priester aus, und ich durfte ihn oft in die Synagoge begleiten. Aber er untersagte es mir strengen Blickes, dass ich niemandem erzählen durfte, dass ich einen christlichen Vater hätte. Die jüdische Gemeinde wurde noch von einem Rabbiner und einem Kantor betreut. Der Antisemitismus war jedoch überall in der Welt verbreitet und nahm immer mehr zu.

Als ich schulpflichtig wurde und nach Hamburg zurückkam, besuchte ich zunächst für ein Jahr eine jüdische Unterrichtsklasse. Dann wurde ich in die christliche Töchterschule St. Anschar geschickt. Meine Mutter hat sich den Besuch dieser Privatschule viel kosten lassen. So begann sie, in einem Labor zu arbeiten, um das Schulgeld bezahlen zu können. Ihr lag sehr viel daran, dass ihre Töchter eine gute Ausbildung bekamen.

Täglich versammelten sich alle Schüler vor dem Unterricht in der Aula und nahmen an einer Andacht mit Chorälen, Lesungen und Gebeten teil. Wir lernten die 10 Gebote mit den Erklärungen von Dr. Martin Luther auswendig und trugen sie in der Klasse vor.

Für mich tat sich eine neue Welt auf. Ich hatte Glück und wurde, weil ich blond war, auch bei den anderen Schülern angenommen. Meine Schwester hatte es da viel schwerer, da sie schwarzhaarig und jüdisch aussah. In der Pause musste sie meist allein auf dem Schulhof in einer Ecke stehen, weil die anderen Mädchen sie als Jüdin nicht akzeptierten. Die Klassenlehrerin versuchte zu vermitteln und wies darauf hin, dass meine Schwester auch eine Christin sei; aber sie hatte dabei kaum Erfolg.

Mich packte oft das Mitleid mit meiner Schwester, und ich versuchte, sie mit viel Liebe zu umgeben; denn ich hatte auch bemerkt, dass meine Mutter mich mehr liebte als meine Schwester. Warum dies der Fall war, kann ich nicht sagen. Ob es an ihrem Aussehen lag? Wie schon erwähnt, sie war im Gegensatz zu mir dunkel und trug die Züge einer Zigeunerin.

Ich habe mit meiner Schwester gelitten, wenn Mutter sie wegen ganz geringer Verfehlungen hart bestrafte; mich hingegen hat sie sehr geliebt, ja verhätschelt. Wie oft nahm sie mich in die Arme und liebkoste mich. Vielleicht hing dies damit zusammen, dass ich sehr meinem Vater ähnelte.

Als Folge der Haltung meiner Mutter gegenüber meiner Schwester versuchte diese, sich bei Freundinnen lieb Kind zu machen und beschenkte diese mit Deckchen oder Taschentüchern, die sie aus Mutters Kommode nahm. Natürlich ist meine Mutter ihr auf die Schliche gekommen und hat sie stets hart bestraft. Damals waren Prügelstrafen noch an der Tagesordnung. Mutter fehlten die pädagogischen Fähigkeiten zur Erziehung, und durch die unterschiedliche Behandlung von uns zwei Mädchen hat Mutter einen tiefen Keil in unsere Beziehung getrieben. Ich aber wollte dies nicht. Ein Leben lang hat sich meine Schwester nach Liebe gesehnt.

Heute quält mich die Frage: Hätte ich nicht noch mehr zu meiner Schwester stehen und offen für sie eintreten sollen? Ich war oft so feige und scheute Auseinandersetzungen. Dieser Charakterzug ist mir geblieben, und ich kann Gott nur bitten, dass er mir meine Feigheit vergeben möge. Ich habe in meinem Leben immer den Konflikt gescheut und lieber die Nöte in mich hineingefressen.

In einer stillen Stunde habe ich mir ein Gebet aufgeschrieben, das ich oft vor Gott ausgesprochen habe: „Herr Jesus, der du den Sieg für uns gewonnen hast in Zeit und Ewigkeit, besiege meinen Kleinglauben und meine Zweifel. Lass mich über Leben und Tod hinaus meine Hoffnung auf dich richten. Du wirst kommen in Herrlichkeit, auf dass alle, die auf dich warten, sich deiner Herrschaft freuen. Amen."

Wenn ich in Pleschen (Posen) weilte, durfte ich ja kein Wort über die Religion meines Vaters sagen, auch nicht verraten, dass ich getauft war. Auch ließ man mich nicht mit christlichen Kindern spielen. Desgleichen lehnten mich selbst meine Cousins und Cousinen in Berlin ab; sie wussten, dass ich eine christliche Schule besuchte. Diese Kindheitserlebnisse rissen schon damals in meinem Herzen viele Fragen auf und prägten meine Zerrissenheit und meinen Zwiespalt, unter denen ich zeitweise heute noch leide.

Als ich das dritte Mal in Polen war, musste ich eine deutsche Schule besuchen, um nicht allzu viel schulische Lücken später aufholen zu müssen.

Und da wir samstags vom Unterricht freigestellt waren, suchte ich eine Freundin zum Spielen. Mein Blick fiel auf ein blondgelocktes christliches Mädchen, aber auch sie lehnte den Kontakt zu mir ab.

War ich dagegen in der Tschechoslowakei, erzog mich Großmutter väterlicherseits katholisch. Noch heute erinnere ich mich daran, dass ich z. B. für die Fronleichnamsprozession ein wunderschönes hellblaues Kleid tragen durfte und in meinem Haar ein Blumenkränzchen hatte. Mein Glück war groß.

Aber all das täuscht nicht darüber hinweg, dass ich in Bezug auf die Religion ein zerrissener Mensch war. Ebenso erlebte ich seitens meiner Vettern und Cousinen in Reichenberg Ablehnung, weil ich nicht in ihr Milieu passte. Sie waren etwas älter und wussten, dass Mutter während des Krieges ihre abgelegten Kleider per Post erhielt. Wieder geriet ich in einen Zwiespalt, der mich hin und her warf. Meine Frage damals wie heute lautete darum stets: Wohin gehöre ich? Wahrscheinlich wäre die richtige Antwort die: Ich bin eine Judenchristin, die mit dieser Dissonanz zu leben hat.

Sehr erfreulich war dagegen der Aufenthalt bei dem Bruder meines Vaters und seiner Frau in Böhmisch-Leipa, die nur einen Sohn in meinem Alter hatten.

Beide erwiesen uns nur Liebe und wollten meine Schwester (sie hatte eine herrliche Altstimme) als Sängerin ausbilden lassen. Es scheiterte jedoch, da meine Tante plötzlich an Krebs erkrankte und starb. Mit dem Sohn, meinem Vetter Willi, verband mich eine innige Freundschaft. Gleichaltrig fühlten wir uns wie Bruder und Schwester. Er behandelte mich darum auch sehr lieb, dass ich richtig auflebte. Später dankte ich es ihm von der Schweiz aus, als sie als Sudetendeutsche von den Tschechen nach dem zweiten Weltkrieg vertrieben wurden und in Deutschland Heimat suchten. Eine Tante kam auf dieser Flucht um, eine andere fand in Isenburg ein neues Zuhause, die Reichenberger in Karlsruhe und mein Vetter Willi mit Frau und Sohn in Holzminden.

Mein Cousin hoffte dort an der Schule anzukommen, brauchte aber – wie er mir schrieb – zur Vorstellung einen guten Anzug. Den Stoff dafür konnte ich ihm über die Caritas von der Schweiz aus schicken, ebenso Kaffee, womit er den Schneider bezahlen konnte. Und ... es klappte, wie er mir schrieb. Er wurde seines guten Aussehens und seiner guten

Zeugnisse wegen eingestellt. (Er studierte und promovierte seinerzeit in Prag.)

Eine beglückende Erfahrung machte ich, als mein Vater 1925 nach dem Krieg zu meiner Mutter zurückkam. In der Ehe meiner Eltern hatte es schon mal gekriselt; aber immer wieder fanden sie zueinander. Für eine längere Zeit war Vater in Wien geblieben, die Eltern lebten getrennt. Doch ab 1925 verließ er uns nicht mehr: Wir waren froh, dass die vaterlose Zeit ein Ende gefunden hatte.

Vater liebte mich Blondschöpfchen über alles; besonders in den Abendstunden gehörte er mir ganz allein. Er besaß eine künstlerische Ader, und durch seine Ausbildung auf der Kunstakademie im Sudetenland in jungen Jahren vermittelte er mir ein enormes Wissen, was die Malerei, die Bildhauerei, die Musik und die Literatur betraf. Er wurde mir zu einem wahren Freund und Helfer, und ich konnte mit ihm alle meine Fragen und Kümmernisse besprechen. Ich hatte ein großes Vertrauen zu ihm, und er zu mir.

Dass ich später im Mutterhaus Hebron in Marburg an der Lahn dazu ersehen war, Bibelsprüche zu malen und aus Holz herzustellen, verdanke ich meinem Vater. Er hat mir diese Techniken vermittelt und mich zu schöpferischem Tun angeleitet.

Nur was den Glauben an Gott anbelangte, herrschte tiefes Schweigen. Es gab nur eine Situation, in der er über religiöse Probleme sprach, als er mir von seinem Studium und seinen Professoren berichtete, die ihm total den Glauben an einen Weltschöpfer genommen hätten. Nie mehr habe er seitdem zu Gott zurückfinden können.

Natürlich stellt sich hier die Frage, wie denn ich bei diesem Verwirrspiel von evangelisch, jüdisch und katholisch zum lebendigen Glauben an Gott hatte finden können. Mein Berufswunsch war Tänzerin gewesen. Ich besuchte ja schon seit frühester Kindheit eine Ballettschule. An zwei Tagen in der Woche ging ich zum Training. Musik und rhythmische Bewegung waren mein Leben. Das half mir auch zeitweise aus meinen schwermütigen und trüben Gedanken heraus. Vater hielt nicht viel von meinem Berufswunsch. „Kind, das will ich dir sagen: Tanzen ist eine brotlose Kunst. Wenn du auf diesem Gebiet keine Spitzenleistung erbringst, solltest du dir besser deine Pläne aus dem Kopf schlagen. Nur wenige Stars können sich mit Ballett ihren Broterwerb sichern." Vater schickte mich zunächst für zwei Jahre auf die staatliche Handelsschule.

Nach Beendigung dieser Schule mit sehr gutem Abschlusszeugnis wusste ich nicht, wie ich meine Zeit totschlagen sollte. Und so nahm ich ganz in der Nähe unserer Wohnung eine Arbeit an, um damit mein Taschengeld etwas aufzubessern. Heute erkenne ich, dass dies eine freundliche Führung Gottes war. In dieser Firma lernte ich ein junges Mädchen kennen, das gerade erst zum Glauben an Jesus Christus gefunden hatte. Sie lud mich in einen Jugendkreis ein, der sich „Entschieden für Christus" (EC) nannte. Ich bin nicht gleich ihrer Einladung gefolgt, sondern wehrte mich gegen alles Fromme; aber schließlich gab ich ihrem Drängen nach und begleitete sie zu einer Adventsfeier.

Eine neue Welt tat sich mir auf. Es waren besonders die christlichen Lieder und die Andacht, die mir zu Herzen gingen. Ich wurde an die christliche St.-Anschar-Schule erinnert, wo ich ja schon mit Gott bekannt gemacht worden war. Doch die Eindrücke hier im EC waren noch tiefer. Ich vernahm Gottes Stimme, und sein Reden war so ernst und doch so liebevoll, dass ich ihm nicht ausweichen konnte. Plötzlich fiel in meine zerrissene Seele das göttliche Licht. Ich begriff zum ersten Mal den Ruf Gottes und lernte die Bibel lieben. In einer stillen Stunde – ich war allein zu Hause in meinem Zimmer – übereignete ich dem Gottessohn mein Leben; gleichzeitig vernahm ich während meines Betens seine Stimme, die mich in seinen Dienst rief. Jesus Christus sollte von nun an mein ganzes Leben gehören.

1933 ergab sich für mich eine berufliche Veränderung. Mein Chef in Hamburg bat mich, dem Filialleiter in Berlin als Sekretärin zu helfen. Meine Eltern waren über diesen Wechsel von Hamburg nach Berlin nicht begeistert. Vor allem fiel es meinem Vater schwer, mich dorthin ziehen zu lassen. Ich schloss mich dort jedoch sofort dem Jugendbund in Berlin-Friedenau an. Wir ließen uns aber leider auch durch die politische nationale Bewegung mit hineinnehmen in den Strudel des Nationalsozialismus. Plötzlich fanden viele Menschen wieder Arbeit und Brot. Die Autobahn wurde gebaut, und die vielen Arbeitslosen verschwanden von der Straße. Eine Welle der Begeisterung für „unseren Führer Adolf Hitler" riss auch mich und meine Freunde im Jugendbund mit. Wir unternahmen herrliche Reisen mit der neuen Einrichtung „Kraft durch Freude". Der Hitlergruß war für mich selbstverständlich geworden.

Noch ahnte ich nicht, was später durch die Judenverfolgung auf mich zukommen sollte. Gewiss, es gab in den Jahren 1934/35 schon gelegentlich negative Äußerungen über die Juden, aber im Bann der Begeisterung für Adolf Hitler überhörte ich sie. Wahrscheinlich wurden sie noch nicht so offen ausgesprochen.

Und doch veränderte sich meine Haltung gegenüber meinen jüdischen Verwandten in Berlin-Neukölln und -Moabit. Ich fand keine Zeit mehr, sie zu besuchen. Aber auch Fremden gegenüber gab ich mein Geheimnis nicht preis, dass ich meiner Herkunft nach Jüdin war. Ich hatte ja schon als Kind in Polen erfahren müssen, dass Juden nicht so gern gesehen waren.

Während dieser Zeit der politischen Begeisterung blieb mir aber Gottes Ruf in seinen Dienst lebendig. In meiner Firma gehörten alle Mitarbeiter außer meinem Chef der SA an. Einer von ihnen hatte ein Auge auf mich geworfen. Sollte ich heiraten oder Diakonisse werden? Ein heftiger Kampf spielte sich in mir ab. Ich fragte Gott in stiller Stunde, er möge mich den rechten Weg führen.

Schließlich sprach ich mit meiner Jugendbundleiterin. Ich bat sie, mich mit den vier anderen jungen Mädchen, die in die Diakonie eintreten wollten, im Diakonissen-Mutterhaus in Elbingerode anzumelden. Diese Entscheidung war mir nicht leicht gefallen; denn ich liebte das Leben, war auch gerne als Sekretärin in meinem Beruf tätig und begeisterte mich für Sport, rasante Autofahrten, Schwimmen und die Segelfliegerei. Schon 1934 hatte ich den Führerschein erworben. Das war damals noch eine große Seltenheit, dass Frauen Auto fahren lernten. Und durch eine Freundin in Österreich hätte ich die Möglichkeit gehabt, bei einer Segelfliegerschule anzukommen. Wie sollte ich mich entscheiden? Was war nun wichtiger? Der Ruf Gottes in seinen Dienst oder die Lust am Sport, an meiner Arbeit, an der Ehe? Es kam erschwerend hinzu, dass mein Chef fest mit meiner Arbeitskraft rechnete und es nur schwer einsehen wollte, dass ich in eine Art Kloster gehen wollte.

Auch mein Vater war mit meiner Berufung nicht einverstanden. Als ich ihm mitteilte, dass ich in Gottes Dienst eintreten wolle, kam er mit Mutter extra von Hamburg nach Berlin gereist, um mit mir zu sprechen. Er kannte auf Grund seiner Weltreisen viele Klöster und versuchte mich von meinem Schritt in die Diakonie abzubringen. Er warnte mich: „Hella, du wirst nicht eitel Freude in einem Mutterhaus erleben. Die Schwestern sind keine Heiligen. Du wirst Enttäuschungen und Kränkungen erleben. Die Gebete allein schützen nicht vor Neid, Missgunst, Streit, Lieblosigkeit und Eifersucht. Bedenke das bitte. Ich will das Beste für dich. Du kannst auch in deinem alltäglichen Beruf dein Christsein ausüben. Hella, höre auf meine Warnung."

Vater berichtete mir dann von so manchen negativen Erfahrungen mit Ordensschwestern und Kommunitäten. Ich aber blieb bei meiner Entscheidung. Wieder war es das Wort der Bibel, das mich in der göttlichen Spur ermutigte: „Wer nicht absagt allem, was er hat, kann nicht mein Jünger sein." Und da war noch die klare Weisung aus Jeremia 1,7: „Du sollst gehen, wohin ich dich sende!" Auch das Wort von Abrahams Berufung stand mir lebendig vor Augen: „Der Herr sprach zu Abraham: Gehe aus deinem Vaterland und von deiner Freundschaft und aus deines Vaters Haus in ein Land, das ich dir zeigen will." (1. Mose 12,1) Diese Worte ermutigten mich zu dem Gelöbnis, in den Dienst Gottes zu gehen. Aber die Anfechtung blieb weiterhin schwer.

Als ich einige Stunden später meine Eltern zum Bahnhof begleitete und mich von ihnen verabschiedete, sagte Vater: „Mutti, das ist das Los der Eltern, die Kinder loszulassen. Das müssen wir als Eltern alle lernen. Aber wir behalten Hella lieb." Als ich wieder zu Hause war, vergoss ich ein paar Tränen, doch war ich mir meines göttlichen Rufes gewiss. Damals wusste ich nicht, dass ich meinen Vater, den ich über alles geliebt habe auf Erden, nicht mehr wiedersehen sollte.

Als ich dann später als Diakonisse arbeitete und die ersten

Schwierigkeiten auftraten, musste ich oft an Vaters Worte denken und ihm Recht geben. Aber zum Glück gab es ja noch das andere Wort meines himmlischen Vaters: „Wer nicht absagt allem, was er hat, kann nicht mein Jünger sein." So blieb ich Gott gehorsam. Wahrscheinlich hat mich dieser Gehorsamsschritt vor dem KZ bewahrt; ich wäre wie viele meiner Angehörigen mütterlicherseits in den Gaskammern umgekommen.

Wegen des Eintritts im Diakonissen-Mutterhaus Elbingerode wartete ich fünf Wochen auf eine Antwort. Die anderen jungen Mädchen waren schon dort.

Für mich kam eine Absage. Ich konnte Gott in dieser Lage nicht verstehen. Erst ruft er mich, und dann eine Absage. Ich war verzweifelt, zumal ich wusste, dass meine Eltern auch nicht mit meiner Entscheidung einverstanden waren. Fordert Gott nicht, dass wir ihn um seines hohen Namens willen mehr lieben sollen als Vater und Mutter? Und die Trennung von meinen Eltern fiel mir doch schon so schwer. Hinzu kam, dass sie später vor eine schwere Entscheidung gestellt wurden: Mein Vater sollte sich von meiner Mutter scheiden lassen, weil sie Jüdin war. Man drohte Vater, er würde sonst seine gut dotierte Staatsstellung verlieren. Gewiss, die Ehe meiner Eltern war nicht konfliktfrei; aber an eine Scheidung hat Vater nie gedacht. Ihm war bewusst, dass Mutter dann sofort ins KZ deportiert werden würde. So blieb er standhaft.

Die Nazis machten die Drohung wahr, er wurde aus seinem Amt gewiesen. Es war ein Glücksfall, dass Vater einen guten Freund hatte, der ihm in Hamburgs Freihafen eine Stellung als Architekt und Ingenieur vermittelte. Leider ist Vater krankheitshalber viel zu früh von Mutters Seite gerissen worden, was dazu führte, dass sie doch noch ins Konzentrationslager eingewiesen wurde. Ich kann gar nicht sagen, wie anfechtungsreich diese Hiobsbotschaften für mich waren. Mir war manchmal zumute, als wollte der Teufel mit aller Gewalt immer wieder versuchen, mich wegen meiner Berufung zu quälen.

Zwei Zitate sind mir in dieser Zeit oft durch den Kopf gegangen und haben mich ermutigt. So betete ich: „Ewiger Gott – wir sind in diese Welt gekommen und wissen nicht, woher. Wir leben hier auf Erden und wissen nicht, wie lange. Doch was wir nötig brauchen, gabst du uns: die Begegnung mit Christus, der gekommen ist, dass wir das Leben und volle Genüge haben. Durch ihn leite uns, in unserer Zeit zu leben."

Und das zweite Zitat wurde mir gleichermaßen wichtig: „Ich danke meinem Gott, der gewollt hat, dass ich zeitlebens ein Mensch der Sehnsucht sein sollte. Ich preise dich, mein Erretter, dass du mir auf der Erde kein Vaterland und keine Wohnung gegeben hast. Ich sehe meine Heimat droben in der Herrlichkeit."

Die Zeit des Wartens bis zur Absage nach fünf Wochen fiel mir nicht leicht. Gekündigt hatte ich schon, weil ich fest mit einer Aufnahme im Mutterhaus rechnete. Es waren immer wieder Gottesworte und auch Lieder, die mir die innere Standfestigkeit gaben. An ein Lied erinnere ich mich bis heute gern:

Jetzt noch verhüllt, schau ich das Licht von Jesu Gnadenangesicht,
doch droben einst, nach kurzer Frist, werde ich ihn sehen, wie er ist.

Jetzt noch verhüllt, und doch, wie schön, im Glauben wartend aufwärts sehn,
bis sich der Wolkenschleier teilt und unsere Seele zu ihm eilt!

Denn dann wird alles offenbar, was mir verhüllt und dunkel war,
und jubelnd sing ich dort am Thron das Lied des Lammes, Gottes Sohn!

Nach der Absage in Elbingerode bemühte ich mich weiter, einen Platz zu finden, wo ich Gott dienen konnte. So schrieb ich andere Diakonissen-Mutterhäuser in Marburg, Gunzenhausen und Vandsburg (Westpreußen) an. Aber keines dieser Häuser wollte mich nehmen. Eine herbe Enttäuschung!

Ich war ja jüdischer Abstammung, und der Nazistaat übte heftigen Druck auch auf die Diakonie aus. Juden sollten darin keinen Arbeitsplatz finden. Ich bedeutete für die Mutterhäuser eine Gefahr; sie hätten in Konflikt mit dem Staat geraten können.

Einzig das „Missionshaus“ in Lachen (Pfalz) wagte es und war bereit, mich aufzunehmen. Die Leitung lag in den Händen einer Oberin aus der Schweiz, und aus der Schweiz erhielt das Missionshaus finanzielle Unterstützung. Aber auch hier musste ich eine Wartezeit von mehreren Monaten in Kauf nehmen, bis mich die Zusage erreichte. In weiser Voraussicht hatte man für mich ein Visum für die Schweiz beantragt. Eine Genehmigung für eine 3-jährige Krankenpflege-Ausbildung wurde gegeben. Hätte mir durch die Nazis Gefahr gedroht, hätte ich mich somit schnell über die nahe Grenze zur Schweiz in Sicherheit bringen können.

So machte ich mich Ende 1936 endlich mit der Bahn auf den Weg dorthin. Ich war es gewohnt, mich schick und modern zu kleiden. Aber meine Jugendbundleiterin in Berlin sonderte aus: schlichte Unterwäsche, schlichte Waschkleider, lange schwarze Strümpfe etc. Das war im Missionshaus erlaubt zu tragen. Es kostete mich schon etwas, von all meinen schönen Kleidern Abschied zu nehmen; aber ich wollte ja „dienen“! Als es jedoch in Lachen noch nicht einfach genug war, ich auch die kurzärmeligen Kleider mit anderem Stoff in der Nähstube verlängern musste, kam ich mir wie ein seltsamer Paradiesvogel in der zusammengestückelten Kleidung vor. Ob wohl die Leitung Angst hatte, ich könnte mit meinen Reizen die Missionskandidaten in Verlegenheit bringen? Über meine armseligen, geflickten blauen Waschkleider konnte ich nur schmunzeln.

Noch eine Episode möchte ich erwähnen. Während der langen Bahnfahrt hoffte ich, mit meinem Gepäck am Lachener Bahnhof mit dem Auto abgeholt zu werden, wie ich es in Berlin gewohnt war. Der Zug fuhr ein, doch weit und breit war kein Auto zu sehen. Zwei junge Schwestern in Zivil mit streng gescheiteltem Haar erwarteten mich mit einem kleinen Leiterwägelchen. Das kam mir schon etwas seltsam vor. Etwa zwanzig Minuten mussten wir noch bis zum Missionshaus laufen und ... vor geschlossenem Tor stehen. Was nun? Kurzentschlossen versuchte die eine der Schwestern den Zaun zu erklimmen, rüberzuspringen und den Riegel zurückzuschieben, um uns durchgehen zu lassen. Der Empfang für mich war wirklich etwas spektakulär.

Lachen wurde für mich nun Heimat. Durch die morgendlichen Andachten, die halbstündige Stille und das tägliche Bibellesen wurde mein Glaube an Christus vertieft. Aber es ging bei uns in der Schwesternschaft sehr ärmlich zu. Alles, was wir für unser Leben brauchten, mussten wir uns von Gott erbitten. Wir erlebten aber dadurch auch buchstäbliche Wunder! Es herrschte auch sonst eine strenge Disziplin. Von zu Hause aus schon gewohnt zu gehorchen, fiel mir das Eingewöhnen gar nicht schwer. Ich gewann den Eindruck: Hier kann ich Wurzeln schlagen. Wir wurden zu freudigem Gehorsam und ganzem Einsatz erzogen. Die Treue im Kleinen sollte von uns Missionskandidaten eingeübt werden.

Wir alle durchliefen vierwöchentlich die verschiedensten Arbeitsplätze: Küche, Haus, Waschküche, Garten, Landwirtschaft und Stall. Ich war in meinem Element; die Arbeit machte mir überall Freude. Obwohl ich noch nie in der Landwirtschaft tätig gewesen war, packte ich fröhlich zu. Ich erinnere mich an einen Ausruf einer jungen Schwester, auch Städterin, die neben mir still ihrer Pflicht nachkam, aber plötzlich begeistert ausrief: „Ach, Fräulein Hella, ist es nicht herrlich, dass wir für den Heiland hier auf dem Feld Mist ausstreuen dürfen!“ Ich musste schmunzeln. Eigentlich war es uns nicht erlaubt zu sprechen, außer zwischen 17-18 Uhr. Aber in diesem Fall musste ich ihr meine Zustimmung kundtun und kräftig loslachen. Nur einmal fiel mir ein Auftrag zu, bei dem ich mich mächtig überwinden musste: Ich sollte eine Gans schlachten. Doch auch diese Hürde habe ich nehmen können.

Im Herbst sollten die Rüben geerntet werden. Tagelang hatte es zuvor geregnet, und ich fürchtete die Nässe. So fragte ich die verantwortliche Schwester, ob ich nicht den langen Weg vom Stall zum Haupthaus säubern dürfte. Er war nämlich teils mit Gras bewachsen und vom Unkraut stark überwuchert. Auch die seitliche Randbegrenzung war krumm und schief. Die Schwester schaute mich ein wenig skeptisch an und meinte: „Wenn du dir das zutraust, dann würdest du mir sogar eine große Freude machen.“ Ich hatte mein Ziel erreicht und musste nicht auf die lehmigen Rübenfelder. Meine neue Aufgabe der Verschönerung des Geländes verrichtete ich zur Zufriedenheit aller, so dass ich fortan alle Wege und Rondelle in Ordnung bringen durfte.

Eineinviertel Jahre war ich nun schon in Lachen. An den Nachmittagen hatten alle Missionskandidaten Schulunterricht. Eines Tages musste ich zur Hausmutter kommen. Sie sagte mir nur: „Fräulein Hella, wir müssen jetzt schon die Einkleidung zur Diakonisse vornehmen, obwohl die andern jungen Schwestern erst nach zwei Jahren eingekleidet werden. Reden Sie nicht weiter darüber; wir wissen eben nicht, was kommt. Sie werden dann als Diakonisse ins Büro zum Hausvater, Direktor Hebeler, kommen." Mein Herz trauerte; ich wäre so gerne mit den andern Schwestern zusammengeblieben.

Aber weil ich bis dahin eine ungetrübt-schöne Zeit verlebt hatte, hatte ich vergessen, dass es nicht immer so bleiben konnte.

In der Schweiz sollte ich eine dreijährige Krankenpflege-Ausbildung absolvieren. Danach war geplant, dass ich um meiner Sicherheit willen nach Amerika übersiedelte. Mein Wunsch war es, Missionarin zu werden; denn mein Herz hatte sich stark am Herzen Gottes entzündet, und ich wollte seine Botin in China werden. Hudson Taylor war mein großes Vorbild. Dass dieser Weg für meine Eltern unerträglich schien, hatte ich in meinem Eifer nicht bedacht. Aber Gott ließ auch Vater und Mutter ein Ja dazu finden.

Doch alles kam anders. Seit dem Frühjahr war ich bereits als Diakonisse eingekleidet und arbeitete im Büro unseres Hausvaters. Als der Sommer zur Neige ging, machten sich die Schwestern täglich auf den Weg in den Haardtwald, um Blaubeeren zu pflücken. Wie gerne wäre auch ich einmal mitgegangen, denn ich sehnte mich nach frischer Luft und der wunderbaren Natur im Wald. Ich nahm allen Mut zusammen und bat den Hausvater, mich ihnen wenigstens einmal anschließen zu dürfen. Er erlaubte es mir.

Diesen Tag werde ich wohl mein ganzes Leben nicht mehr vergessen. Sehr früh zog ich mit einer Gruppe Schwestern in die Blaubeeren. Fröhlich ging es mit dem Rucksack auf dem Buckel und den Eimern in der Hand los. Wir waren kaum aus dem Haus, da erschienen zwei Männer in Parteiuniform an der Pforte. Sie fragten nach mir und wollten meine Papiere einsehen. Mit gutem Gewissen konnte die Oberin den Männern sagen, ich sei nicht zu Hause. Etwas ärgerlich zogen die Uniformierten ab, sie wollten aber bald wiederkommen.

Als ich abends freudig und mit vollen Eimern von Blaubeeren ins Missionshaus kam, rief mich die Hausmutter ins Büro. „Schwester Hella, du musst morgen unbedingt über die Grenze. Du wirst von den Nazis gesucht. Gott hat seine bewahrende Hand über dich gehalten, dass du gerade heute nicht im Büro gearbeitet hast. Ich bringe dich morgen früh persönlich zur Bahn.“ Ich war zu Tode erschrocken. Wie gut, dass ich schon ein Visum für die Schweiz hatte und den Schergen der Nazis entkommen konnte. So blieb ich vor dem Konzentrationslager bewahrt.

Das Diakonissen-Mutterhaus „Ländli“ in Oberägeri/Schweiz wurde nun meine neue Heimat. Noch immer hoffte ich, dass ich nach Amerika auswandern könnte, um von dort zum Missionsdienst nach China ausgesandt zu werden. Traurig war ich allerdings darüber, dass ich meine Eltern nicht mehr würde sehen können.

Gewiss, das Einleben in der Schweiz war schwer. Die Schwestern waren mir fremd – und dann die schweizerische Mundart! Am Anfang verstand ich nur „Bahnhof“. Die Mutterhausleitung wusste nicht recht, wo sie mich einsetzen sollte.

Schließlich schickte man mich ins Nähzimmer, während die verantwortliche Nähstubenschwester zu einer Tagung nach Marburg fuhr. In der neuen Umgebung allein gelassen, erfassten mich Heimweh und Trübsinn. Diese seelische Verfassung dauerte auch dann noch an, als sie von Marburg zurückgekommen war. Bei dem Heften und Sticheln blieb mir einfach zu viel Zeit zum Grübeln.

Ich tröstete mich unterdes mit Hiob: „Gottes Augen sehen auf eines jeglichen Weg, und er schaut alle ihre Gänge." (Hiob 34,21) Das war auch das Losungswort meines Eintrittstages in Lachen gewesen. Es bewegte mich immer wieder. Und Gott griff ein. Der Sekretär des Hausvaters kündigte seine Stellung; es war niemand da, der einspringen konnte. Man holte mich aus dem Nähzimmer und übertrug mir seine Aufgaben. Ich hatte die morgendlichen Andachten bei den Gästen mitzustenographieren und musste sie druckreif überarbeiten. Außerdem musste ich die monatliche Ausgabe des Blattes „Unter dem Kreuz" zusammenstellen. Nebenbei erlernte ich die Massage in der Badeabteilung. Krankenpflege-Ausbildung, wie eigentlich vorgesehen, war tabu! Ich war restlos glücklich.

Doch die Zeit blieb nicht stehen. Nach zweieinhalb Jahren wurde es nötig, eine Nachfolgerin in meine Arbeit einzuführen, um mich für die Weiterreise nach Amerika zu rüsten. Wie nie zuvor legte sich die Last auf meine Seele, dass ich wohl für immer ein Grenzgänger bleiben würde. Visum und ein Affidavit (die persönliche Haftung eines amerikanischen Bürgers in Bezug auf meine finanziellen Angelegenheiten) lagen bereit. Meine Eltern wurden von einer Schwester aus Lachen besucht und über die Entwicklung meiner Lage benachrichtigt.

Aber zehn Tage vor meiner Ausreise brach der Krieg zwischen Deutschland und Amerika aus. Die Überfahrt war nur noch mit einem Flüchtlingsschiff über Kuba möglich. Als die Hauseltern hörten, dass einige dieser Schiffe mit den jüdischen Emigranten vor der Küste Kubas versenkt worden waren, hielten sie mich zurück und versuchten, in Bern eine neue Aufenthaltsgenehmigung für die Schweiz zu bekommen. Das lebensnotwendige Papier, die Erlaubnis zum Bleiben, wurde mir fortan jeweils für ein halbes Jahr erteilt, wohl als Staatenlose, da ich meinen Pass – mit einem großen „J" versehen – zerrissen hatte. Ich lebte ständig im Ungewissen, doch tröstete mich von Tag zu Tag das Bibelwort: „Wir haben hier keine bleibende Statt." (Hebr. 13,14) Mein Bürgerrecht ist ja im Himmel.

Ich erhielt einen neuen Dienstplatz: Die Hausmutter holte mich als Sekretärin. Auch manche andern Nebenämter wurden mir anvertraut. So durfte ich den Chor leiten, die Feiern im Mutterhaus gestalten und Unterricht und Gymnastik in der Schwesternschule übernehmen. Außerdem war ich die Einzige, die einen Führerschein hatte und somit alle Fahrten übernehmen durfte. Ich war in meinem Element; die Arbeit hatte mich gepackt! Doch bald merkte ich, dass ich zeitweilig die verborgene innere Verbindung zu Gott verlor. Sie war bisher vorrangig in meinem Leben gewesen, und das musste wieder so werden. In einem Lied bekam ich die Ermutigung dazu:

Du bist des Lebens wahre Quelle, sprichst du ein Wort, so wird es licht;
Bist du mein Führer hier auf Erden, geh ich getrost und irre nicht.
Doch ohne dich, geliebter Heiland, brächt mir das Schönste kein Gewinn.

Gott, lass mich immer Heimweh haben, wenn ich nicht nahe bei dir bin.

Ging ich auf viel bewegten Straßen, hätt liebe Menschen um mich her,
sie könnten dich, Herr, nicht ersetzen, es bliebe doch im Herzen leer.
Es hätte ohne dich mein Leben im tiefsten Grunde keinen Sinn.
Gott, lass mich immer Heimweh haben, wenn ich nicht nahe bei dir bin.

Und hätt' ich alles, was ich wünschte, und schien mein Leben voller Glück,
und käm' Versuchung gar, käm' Leiden, zu wem erhöb ich dann den Blick?
Wo eilt mit meinen tiefsten Schmerzen, mit der verborgnen Not ich hin?
Gott, lass mich immer Heimweh haben, wenn ich nicht nahe bei dir bin.

So will ich geh'n an deiner Seite, verbunden deinem Kreuzpanier,
durch lichte und durch trübe Tage, Herr Jesus, ich gehöre dir.
Und leise klingt's in meinem Herzen und lenkt den Blick zur Heimat hin:
Gott, lass mich immer Heimweh haben, wenn ich nicht nahe bei dir bin.

So fand ich immer wieder zurück zur Nähe Gottes. Besonders die Chorarbeit brachte es mit sich, dass ich mich persönlich mit dem Inhalt der Lieder auseinander setzte und fragte, ob mein Leben auch mit dem gesungenen Liedgut im Einklang stünde.

Nach Beendigung des Krieges tauchten neue Probleme für mich auf. Politische und andere Konflikte zwischen dem Diakonissenhaus „Ländli“ und dem Diakonieverband Deutschland stellten mich vor die Frage, wie es mit mir weitergehen sollte. Ich besaß bis zum letzten Tag das volle Vertrauen der Leitung im „Ländli“. Umso enttäuschender war es für die dortige Schwesternschaft, dass ich das Mutterhaus verließ. Auch die Schwestern in Lachen begriffen nicht, dass ich nicht mehr zu ihnen zurückkommen wollte.

In jener Zeit ahnte kein Mensch etwas von meiner beginnenden psychischen schweren Depression und inneren Zerrissenheit. Ich fühlte mich immer noch wie ein Gast auf Erden. Um alles Gewesene zu vergessen, wollte ich aus dem Diakonissenstand austreten und plante, Musik zu studieren. Ich hielt die inneren Spannungen in der Kommunität einfach nicht mehr aus.

Es dauerte nicht lange, und ich war auf dem Weg ins geplante Privatleben. Da erhielt ich jedoch noch kurz vorher von der Oberin des Gesamtwerkes, Schwester Emilie Losereit, eine Einladung. Ich sollte doch ein paar Tage nach Marburg kommen, um von all meinen Schwierigkeiten Abstand zu gewinnen. Ich nahm die Einladung an und blieb zwei Tage dort. Dann vermittelte sie mich ins Diakonissen-Mutterhaus „Hebron“ in Wehrda bei Marburg. Hier bemühten sich einige Schwestern um mich; sie nahmen sich liebevoll meiner an. Die Verbindung zur Leitung wurde hergestellt.

Schon am Sonntag darauf wurde es etwas licht in meiner Seele. Im Gottesdienst ging es in der Predigt um Abraham, dem sich Gott erst nach dreizehn Jahren des Schweigens erneut zuwandte und ihm zurief: „Wandle vor mir und sei fromm!“ Diese Botschaft erreichte mich in meiner Verzweiflung. Denn genau dreizehn Jahre hatte ich im „Ländli“ gelebt und hatte dort tiefe Wurzeln geschlagen. Gott löste mich aus allen Verflechtungen.

Nach einigen Monaten bat ich um Aufnahme im Diakonissen-Mutterhaus „Hebron“. Die Gesamtleitung des Diakonie-Verbandes machte dies möglich hinsichtlich meiner besonderen Lebensführung.

Während der Herbstkonferenz 1951 sollte ich in der Buchhandlung mithelfen. Aus dem Helfen wurde ein Bleiben. Etwa drei Jahre arbeitete ich mit der verantwortlichen Schwester zusammen. Als sie auf eine andere Station versetzt wurde, übertrug man mir die Verantwortung.

Viel Erleben mit Gott liegt in der Fülle der Jahre. Besonders dankbar bin ich für die Fürbitte unserer damaligen Oberin, Schwester Erna Eicher. Dadurch wurde ich immer wieder davor bewahrt, in den Abgrund tiefer Verzweiflung zu stürzen, bis Gott der Herr mich eines Tages von diesem Druck plötzlich befreite.

Es folgten dann Jahre froher Schaffensfreude, in denen ich neu die Wahrheit des Wortes Gottes fassen konnte. Jesus Christus hat mich mit seiner unendlichen Liebe durchdrungen. In der Buchhandlung erkannte ich dankbar die vielen Möglichkeiten, durch die Verbreitung des Wortes Gottes beim Bau von Gottes Reich mitzuhelfen. Ich durfte auch viele seelsorgerliche Gespräche mit Menschen führen.

Doch bin ich verwurzelt? Es geht mir so wie einem Buchhändler nach seiner Rückkehr aus der Emigration. Er sagte: „Wer als Emigrant eine Wiedereingliederung nach seinem Zurückkommen gesucht hat, der irrt und vereinsamt. Denn überall gehört er zwar etwas dazu; aber überall bleibt er ebenso ein Außenseiter. Er wird nirgends die restlose Artverwandtschaft finden ... ‚Emigrant-Sein' hört erst mit dem Tode auf."

Damit möchte ich nicht sagen, dass ich von meinen Schwestern hier im Mutterhaus im Blick auf meine Eingliederung nicht angenommen wäre. Ganz das Gegenteil ist der Fall. Aber infolge meiner Herkunft und meiner Erlebnisse bleibt in mir der Zwiespalt, ein Grenzgänger zu sein. Es ist schwer, meine rechte Identität zu finden.

Es heißt zwar nicht mehr: „Morgen musst du über die Grenze." Dafür besteht keine Notwendigkeit mehr. Dennoch bin ich ein Gast auf Erden geblieben. So kommt es denn auch, dass ich mich sehr auf das Ziel meines Lebens freuen kann, für immer bei Jesus Heimat zu haben. Ich bete darum, bis dahin in seiner Gemeinschaft fest bleiben zu dürfen.

Für mich gilt: „Wir haben hier keine bleibende Statt, sondern die zukünftige suchen wir." (Hebräer 13,14)

Und ich halte es mit dem Lied: „Gott, lass mich immer Heimweh haben, wenn ich nicht nahe bei dir bin!"

Von der Wolga bis in den Harz

Schwester Lydia Jebauer erzählt:

Ich stamme von einem Bauernhof. Das größte Gebäude stellte die Scheune dar. Sie war über die ganze Breite des Hofes gebaut. Wie eine kleine Streichholzschachtel klebte daran das Sommerhaus. Im hinteren Teil der Scheune befand sich noch die Schreinerei. Das Haupthaus wurde von zwei Straßen eingerahmt, zwei Tore hielten den Verbindungsweg zur Straße offen. An der Längsseite standen die Hühner-, Pferde-, Kühe- und Schweineställe mit einem kleineren Holzschuppen daran. Ein geräumiger Wirtschaftshof schloss sich an, auf dem der Misthaufen und ein Geräteschuppen ihren Platz hatten. Ein herrlicher Garten umsäumte an zwei Seiten das Hofgelände, und an der Grundstücksgrenze zog sich ein Flüsschen entlang, in dem sich die Enten und Gänse tummeln konnten. Im Sommer vergnügten wir Kinder uns in seinem Wasser und hatten unseren Badespaß. Wenn im Winter das Wasser gefroren war, schlitterten wir über das Eis.

Hier auf diesem Hof wohnten meine Eltern Johann Heinrich und Karoline Jebauer. Zwölf Kinder waren ihnen anvertraut, und jedes einzelne bedeutete ihnen ein Geschenk des Himmels. Mein Vater war ein begeisterter Landwirt und ein umsichtiger Gemeindevorsteher. Dazu besaß er handwerkliches Geschick und war ein kluger, besonnener Mann. So stellte er den Broterwerb seiner großen Familie auf mehrere Säulen. Er betätigte sich noch als Schlachter, Zimmermann und Schmied. In seinem Wesen war er ein stiller Mensch, fleißig und gewissenhaft. In seinem Tun überließ er nichts dem Zufall. Vor allen Dingen wollte er seiner Familie als Oberhaupt recht vorstehen und erzog seine Söhne und Töchter zu lebenstüchtigen Menschen. Meine Mutter unterstützte ihn tatkräftig in all seinen Aufgaben. Am Morgen war sie die Erste und am Abend die Letzte, die nach dem Rechten sah. Ihr Garten stellte ein Prachtstück dar. Zu jeder Jahreszeit blühten Blumen. Es begann im Frühling mit Schneeglöckchen, Krokussen und Primeln, und im Herbst zeigten Dahlien und Astern ihre Pracht. Ihre besondere Liebe galt den Rosen. Immer neue Sorten züchtete sie und war beglückt, wenn die Beete ihre bunte Schönheit zeigten. Manch ein Vorübergehender blieb am Zaun stehen und bewunderte ihre Blumenkunst. Es war auch Mutters Aufgabe, in der Kirche für den Blumenschmuck zu sorgen, und auf dem Altar standen jeden Sonntag Sträuße von Gladiolen, Flieder und Rosen, Astern oder Dahlien. Erst wenn die Fröste die Blumenpracht im Oktober zerstörten, wurde es im Haus öde und farblos. Mutter legte auch großen Wert darauf, dass auf den Beeten außer den Blumen noch herrliches Gemüse gezogen wurde. Oft standen zweierlei Gerichte auf dem Mittagstisch: Salat und Möhren, Gurken und Erbsen, Kraut und Endivien. Auch das Obst, Äpfel, Birnen und Pflaumen, stammte von eigenen Bäumen. Außerdem hatte sie mehrere Sträucher Johannisbeeren und Stachelbeeren angepflanzt. An dem Zaun entlang rankten sich Himbeeren. Wenn im Juli die Erdbeeren reif wurden, stand immer eine große Schüssel herrlicher Früchte auf dem Mittagstisch. „Esst nur tüchtig, Kinder, ihr braucht Vitamine, damit ihr groß und stark werdet und auch gesund bleibt!“, waren ihre Worte. Wir größeren Mädchen mussten tüchtig mit zupacken, vor allen Dingen am Waschtag. Körbe voll mit Hemden, Schürzen, Hosen und Röcken standen in der Waschküche. Die Weißwäsche wurde im Sommer auf der Wiese hinter der Scheune zum Bleichen ausgelegt. Dann sah unsere Wiese aus, als ob in der Nacht Schneeflocken gefallen wären. Der Berg von Wäsche, der alle 14 Tage bewältigt werden musste, ist kaum vorstellbar. Im Winter setzte sich Mutter an die Nähmaschine. Sie hat die Kleider für uns Kinder selbst genäht und die Strümpfe mit eigener Hand gestrickt. Zuvor waren die Schafe geschoren und die Wolle gewaschen und gesponnen worden. Einen Achtstundentag hat meine Mutter in ihrem Leben nie gekannt. Sie war ja auch fast jedes Jahr schwanger und hatte Säuglinge und Kleinstkinder zu versorgen. Natürlich haben wir größeren Geschwister auf die Kleinen aufpassen müssen; aber die Hauptlast trug doch unsere Mutter.

Die Eltern verstanden sich sehr gut und führten eine glückliche Ehe. Sie waren im Jahre 1869 im Gebiet der Wolga geboren. Ihr Leben war vor allem vom Glück an ihren zwölf Kindern überstrahlt. Sie hießen: Alexander, Amalie, Heinrich, Gottlieb, Karl, Hermann I., Hermann II., Ernst, Lydia, David und die Zwillinge. Hermann der I. starb schon nach einem Jahr an einer tückischen Diphtherie, und deshalb wurde der nächstgeborene Sohn Hermann II. getauft. Auch die Zwillinge, die etwas zu früh geboren wurden, konnten nicht am Leben erhalten bleiben. Nach drei Tagen verlöschte ihr Lebenslichtlein.

So hielt der Tod eine reiche Ernte in unserer Familie, und der Verlust eines jeden Kindes zerriss unserer Mutter fast das Herz. Alexander, ihr ältester Sohn, hatte im Ersten Weltkrieg kämpfen müssen und war in österreichische Gefangenschaft geraten. Er kam später nach Wagenitz im Westhavelland. Dort hat er seine Frau gefunden, und die Ehe wurde mit fünf Kindern gesegnet. Leider ist die Mutter der Kinder früh verstorben. Nun stand mein Bruder mit seiner Kinderschar allein da.

Schon bald hat er dann wieder geheiratet und mit der zweiten Frau noch drei Kinder bekommen. Aber auch in dieser jungen Familie hielt der Tod wieder Einzug. Drei Söhne blieben im Zweiten Weltkrieg vermisst, und eine Tochter verstarb im Jahr 1976. Heute lebt keiner mehr von dieser großen Familie. Der Krieg ist der Feind von uns Menschen, und letztlich kann keiner den Sieg davontragen. Der Blutzoll ist zu hoch.

Amalie, die Zweitälteste unserer Familie, besuchte nach der Volksschule noch die Haushaltungsschule in einer anderen Stadt. Nach einem Jahr wollte sie zum ersten Mal nach Hause fahren und hatte den Eltern geschrieben: Ich bringe noch jemanden mit: den Herrn Jesus. Vater war über diese Nachricht erzürnt und schrieb ihr einen boshaften Brief: „Da kannst du bleiben, wo du bist.“ Es war unsere Mutter, die vermittelnd eingriff und den Vater beschwor: „Nun habe ich eine große Tochter, die mir im Haushalt helfen könnte, und du willst sie nicht nach Hause kommen lassen.“ Sie bettelte so lange beim Vater, bis dieser seine Meinung änderte und Amalie über die Türschwelle unseres Hauses treten konnte. Sie redete nicht viel über ihren Glauben an Christus, aber in ihrem Wesen war sie zum Guten verändert und zeigte das in all ihrem Tun.

Die Eltern lebten ein traditionelles Christentum. Sie hatten Jesus noch nicht als ihren persönlichen Heiland und Erlöser erkannt. Wenn der Vater im Winter von seiner Arbeit auf dem Hof in die Küche trat, war sein Bart voller kleiner Eiszapfen. Amalie erwartete ihn schon immer mit einem angewärmten Handtuch und strich ihm über den Bart. Dann zog sie ihm die Filzstiefel aus und holte die Hausschuhe herbei. Diese liebevolle, hilfsbereite Art von Amalie weckte bei Vater viele Fragen. Eines Tages stand er vor ihr und sagte: „Entweder du besserst dich und lässt ab von deinem Jesus, oder ich muss mich ändern." Das Wunder geschah, und Vater wurde Christ. Amalie brachte mit ihrem Christsein ein helles Licht in unsere Familie, und nach einem Jahr entschloss sich auch die Mutter, in die Nachfolge Jesu zu treten. Von der Zeit an fanden in unserem Haus die Gemeinschaftsstunden statt. Der Friede Gottes und ein frohes Leben zogen in unsere Familie ein.

Es war eine schreckliche Tragik, dass Amalie schon ein Jahr später sterben musste. Sie war ein so eifriges, liebes Gotteskind. Ihr lag es auf dem Herzen, auch unsere Nachbarn und die anderen Dorfbewohner zur Gemeinschaftsstunde einzuladen. Ihr junges Herz brannte für Jesus, und es war ihr ein Anliegen, viele zu diesem einzigartigen Herrn zu führen. Es war an einem Sonntag, als Mutter zu ihr in die Wohnstube ging. Da sagte sie fast fröhlich und klatschte dabei in die Hände: „Heute wird mich Jesus in seine neue, schöne Welt heimholen." Sie bat Mutter um ein weißes Kleid, damit sie für den Weg in die Herrlichkeit festlich gekleidet sei. Mutter war über diesen Ausruf furchtbar erschrocken. Noch am gleichen Abend hauchte Amalie ihr junges Leben aus. In unsere Familie kehrte eine entsetzliche Leere ein. Amalie hatte Freude und Fröhlichkeit in unserem Haus verbreitet. Nun wurde es still in unseren vier Wänden, und wir haben um sie getrauert. Unser Herz wollte sich nicht trösten lassen, und es flossen viele Tränen über unsere Wangen. Sie hatte einen Darmverschluss erlitten, und der Arzt kam zu spät. Unter zahlreicher Beteiligung der Dorfbewohner trugen wir unsere Schwester zu Grabe. Da wurden mir zum ersten Mal die Worte der Bibel bewusst: „Leben wir, so leben wir dem Herrn; sterben wir, so sterben wir dem Herrn. Darum wir leben oder sterben, so sind wir des Herrn." Dieser Zuspruch hat mich getröstet, und ich wusste, dass einmal der Tag kommen wird, an dem Jesus mir die Tränen von den Augen wischen wird und Leid und Weinen aufhören werden.

Mein Bruder Heinrich ist im Ersten Weltkrieg vermisst. In seinem letzten Brief schrieb er: „Liebe Eltern, schickt mir bitte etwas Warmes zum Anziehen. Wir müssen im russischen Winter bei minus 40 Grad kämpfen. Das ist brutal. Hier an der Front liegt der Schnee meterhoch." Das war die letzte Nachricht, die uns von ihm erreicht hat.

Mein Bruder Gottlieb hat in der Zeit, als Amalie schon kränkelte, geheiratet. Er reiste in die Heimat seiner jungen Frau. Doch auf dem Weg dorthin wurde er schwer krank und starb ganz plötzlich. Gerade am Beerdigungstag meiner Schwester traf meine Schwägerin bei uns ein. Sie erwartete ein Kindchen und wollte es bei uns zur Welt bringen. Leider starb der kleine Junge schon nach drei Tagen, und sie fuhr zu ihren Eltern zurück.

Ich will nicht von allen Geschwistern berichten, das würde den Rahmen sprengen. Aber Ernst muss ich noch erwähnen. Er war mir mein liebster Bruder, und ich freute mich immer an seiner lebhaften, temperamentvollen Art. Jeden Stein, den er auf der Straße fand, musste er über das Dach eines Hauses oder Scheune schleudern. Er war oft auch unvorsichtig, ja waghalsig in seinem Tun und riskierte viel. Einmal sollte er vom Heuboden Futter für die Kühe herunterwerfen. Er hastete die Leiter hoch, und ich höre noch, wie mein Vater zu ihm hinaufrief: „Ernst, pass auf!" Aber schon zerriss ein lauter Schrei die Stille. Ernst hatte sich die Gabel durch die rechte Handfläche gestoßen, und sie steckte fest. Vorsichtig hat Vater ihm die Gabel herausgezogen und ihm die Wunde verbunden. Aber es dauerte lange, bis er seine Hand wieder gebrauchen konnte. Die Knie hatte er fast immer aufgeschlagen, und auf den Zehen fehlten schon einige Fußnägel. Ich liebte meinen Bruder sehr. Er hat immer alles mit mir geteilt und war selbst sehr genügsam. Leider durfte er keine Schule besuchen, weil unsere Eltern Christen waren. In Russland herrschte damals der Kommunismus, und die Gläubigen wurden schrecklich unterdrückt. Viele Christen mussten um ihres Glaubens willen ins Gefängnis gehen, vor allen Dingen die Familienväter. Es war nämlich verboten, Kindern das Evangelium zu lehren. Und wenn sich die Eltern nicht an dieses Gebot hielten und weiter mit ihren Söhnen und Töchtern zu Tisch beteten und ihnen biblische Geschichten erzählten, wurden sie in die Verbannung nach Sibirien geschickt. Gebets- und Gottesdiensthäuser wurden geschlossen und zu Lagerhallen oder Kinos umfunktioniert. Der Glaube an Gott sollte in diesem kommunistischen Land ausgerottet werden, und da war seinen Führern jedes Mittel recht. Ihren Glauben durften die jungen Söhne nicht leben, aber zum Wehrdienst wurden sie eingezogen und an die vorderste Front gestellt. Sie wurden als Kanonenfutter missbraucht.

Als kranker Mann kam mein Bruder von der Front nach Hause. Er hatte sich ein Lungenleiden zugezogen und starb kurz darauf an Lungenkrebs. Auch mein Bruder David starb. Er war so unglücklich von seinem Stuhl gefallen, dass er sich dabei den Rücken verletzt hatte. Dieses Leiden hat sehr bald zu seinem Tod geführt.

Meine Schwester Elli erhielt von Gott die Berufung zur Diakonisse.

Ich, Lydia, bin als neuntes Kind geboren und wurde von meinen Geschwistern Bettelprinzesschen genannt. Für meine Mutter war es nicht so einfach, dass sie wieder schwanger war; denn die Arbeitslast drückte immens auf ihre Schultern. Ernst und traurig ging sie ihres Weges. Die vielen Geburten und die schrecklichen Todesfälle hatten sie fast schwermütig gemacht. Es war ein Glücksfall, dass unsere Nachbarin eine gläubige Christin war. Jeden Tag schaute sie bei meiner Mutter vorbei, half ihr bei der Arbeit und tröstete sie, ja, sie brachte es sogar fertig, ein Lächeln auf ihr Gesicht zu zaubern. Ihre Wesensart habe ich übernommen. Mal bin ich todernst, mal lache ich laut auf. Ich verspüre zwei Seelen in meiner Brust: eine traurige und eine fröhliche. Ich wurde als gesundes Kind geboren und entwickelte mich prächtig. Aber dann erkrankte ich an den schwarzen Pocken, und mit meiner Gesundheit ging es abwärts. Ich litt außerdem noch an Windpocken, Rachitis, einer Augenkrankheit und einem tropischen Fieber. Wahrscheinlich war das Fieber eine Folge der Malaria. Bis zu meinem dritten Lebensjahr mussten meine Eltern um mein Leben bangen. Ich habe auch erst mit drei Jahren das Laufen gelernt. Aber danach folgte für mich eine gute Zeit. Zur Nacht wurde ich mit Gebet und Luthers Abendsegen zu Bett gebracht. Am Frühstückstisch sang die Mutter mit uns ein Morgenlied, und Vater hielt eine kurze Andacht. So wuchs ich mit biblischen Geschichten heran und liebte unsere Kinderbibel, die viele eindrucksvolle Bilder enthielt. Sie war für uns eine besondere Kostbarkeit.

Natürlich wurde ich, wie alle meine Schwestern, zur Arbeit in der Küche herangezogen. Von freier Zeit konnten wir nur träumen. So musste ich das Geschirr spülen und abtrocknen und die Fenster und Türen putzen. Es war für uns selbstverständlich, dass wir unser Zimmer immer selber fegten und wischten. Die Küche und die Flure wurden jede Woche einmal geschrubbt. Meine Mutter nahm es mit der Reinlichkeit genau und hat auch uns zur Sauberkeit erzogen. Mein Lieblingsbruder

Ernst wurde zu Arbeiten auf dem Hof herangezogen. So musste er die Straße und den Hof fegen, in der Scheune für das Vieh Heu und Stroh herunterwerfen und die Ställe misten. Meine größeren Geschwister und meine Eltern waren im Sommer auf den Wiesen und Feldern beschäftigt und kamen erst sehr spät nach Hause. Lagen die Felder weit entfernt von unserem Hof, dann blieben sie sogar mehrere Wochen dem Haus fern und übernachteten in der Nähe ihrer Feldarbeit. Nur die Eltern kamen abends nach Hause, um das Vieh zu füttern.

Wir waren nicht reich, aber wir besaßen vier Schafe, acht Kühe und zehn Schweine. Die siebzehn Pferde grasten immer auf der Steppenweide. Sie waren unser größter Reichtum. In solch einem landwirtschaftlichen Betrieb gab es immer Arbeit im Überfluss, und unsere Freizeit zum Baden und Reiten war nur kurz bemessen. Im Winter durften wir auch nicht die Hände in den Schoß legen, denn da mussten die Maiskolben entkernt und die Sonnenblumen ausgeschlagen werden. Außerdem wurden wir dazu eingeteilt, die Wolle von unseren Schafen zu zupfen. Meine Mutter und die älteren Schwestern haben dann die Wolle gesponnen und daraus Strümpfe und Pullover gestrickt.

Bei der Arbeit haben wir viele Evangeliumslieder gesungen. So wurden die Choräle zu einem Schatz für unser Leben. Dorfbewohner sagten über uns: „Wenn bei Jebauers nicht gesungen wird, dann sitzen sie am Tisch beim Essen."

In der Zeit des kommunistischen Regimes litten wir entsetzliche Not. Als Christen wurden wir oft gedemütigt, und man drohte uns mit Verbannung, wenn wir unseren Glauben öffentlich praktizierten. Es war eine schwere, elende Zeit. Und doch gab es auch Überraschungen, über die wir uns richtig freuten:

Es war ein bemerkenswerter Tag, als wir nach neun Jahren von unserem Bruder die erste Nachricht aus Deutschland erhielten. Wir erfuhren, dass er verheiratet war und drei Kinder hatte. Die Freude war nicht zu beschreiben. Gott hatte unsere Gebete erhört, auch wenn sehr viel Zeit darüber verstrichen war. Wir wussten gar nichts über ihn und dachten, er sei tot oder verschollen. Und nun überraschte uns diese Freudennachricht. Mein Vater hat ihm natürlich sofort geantwortet und berichtet, wie es uns in den Jahren seiner Abwesenheit ergangen war. Er verheimlichte seinem Ältesten nicht die Not, die wir durchzustehen hatten. Wir durften als Christen nichts kaufen und verkaufen. Von unseren Kühen, Pferden und Schafen durften wir immer nur ein Tier behalten. Alle anderen Tiere wurden uns abgenommen, auch unsere Schweine, Hühner und Gänse. Die Kommunisten haben uns bis aufs Hemd ausgelaugt. Wehe uns, wenn wir uns einmal darüber beklagten. Sogar die Butter mussten wir abliefern, die wir doch selber so nötig gebraucht hätten. Vater wollte sich einmal beschweren und sagte: „Das geht doch nicht!" Da haben sie ihn gleich nach Katharinienstadt mitgenommen. Uns wurde die Auflage erteilt, dass wir bis zum Abend um sechs Uhr ein Pferd, eine Kuh, drei Schafe, zwei Schweine und eine bestimmte Summe Geld abliefern mussten. Sonst würde Vater erschossen. Wenn wir von unserem christlichen Glauben lassen und zum Kommunismus übertreten würden, dann würde uns diese Auflage erlassen. Für uns bedeutete diese Anordnung das Todesurteil. Wir hatten doch kaum etwas zu essen, und im Dorf waren schon viele Bewohner verhungert. Täglich mussten dreißig bis vierunddreißig Menschen auf dem Friedhof beerdigt werden. Im Ort gab es nur einen Sarg, und in diesem wurden die Leichen einzeln mit einem Karren abtransportiert. Dann wurde das Fußende geöffnet, und man bettete den Toten in das Grab.

Wir konnten unmöglich diesem Befehl nachkommen, denn wir waren so arm wie eine Kirchenmaus. So verlegten wir uns aufs Beten und durften erleben, dass Vater doch nicht erschossen wurde. Er wurde wieder zu uns nach Hause entlassen. Gott hat die Herzen der Sowjets zum Guten gewendet, und sie haben eingesehen, dass man den Vater einer kinderreichen Familie nicht einfach erschießen könne. Aber die Zeit blieb hart. Wenn wir auf unseren Feldern etwas ernteten, wurde uns das Getreide vollständig abgenommen. Uns blieb nur noch das Warten auf den Tod.

In dieser so schrecklichen Zeit erreichte uns der Brief meines ältesten Bruders. Wir sollten uns auf den Weg nach Deutschland machen und so dem Hunger entgehen. Am 6. Januar 1922, mitten im kalten Winter, begaben wir uns auf die Reise. Ein ganzes Jahr lang waren wir unterwegs, denn erst am 3. Januar 1923 kamen wir bei meinem Bruder an. Warum war diese Reise so langwierig und beschwerlich? In Minsk hielt man uns drei Monate fest und steckte uns in ein Lager, das mit tausend Menschen total überfüllt war. Die Leute hier starben wie die Fliegen. Zum Glück konnte mein Vater mit meinen drei Brüdern bei einem Bauern Arbeit finden. Aber es wurde ihm kein Geld und auch keine Naturalien gegeben. Nur die Arbeitenden bekamen als Lohn etwas zu essen. Dann erkrankte mein Vater auch noch. Er litt an einer Gelbsucht und an Wasserödemen und wurde in ein Krankenhaus gebracht. Auch meine Mutter brach körperlich zusammen, und ich brachte sie in eine Klinik. Dort mussten wir erfahren, dass an diesem Tag mein Vater verstorben war. Wir waren beide zutiefst erschüttert. Meine Mutter schickte mich zurück, damit ich für meinen Vater saubere Wäsche als Totenbekleidung holen sollte. Als ich die Sachen brachte, wollten wir beide in den Schuppen gehen, wo die Toten lagen. Einen Spalt breit öffnete sie die Tür, dann stieß sie mich zurück und schlug die Tür schnell zu. Erst viel später hat Mutter mir erzählt, dass dort die Toten wie ein Holzhaufen aufgeschichtet lagen. So konnten wir uns noch nicht einmal von Vater verabschieden und ihn würdevoll beerdigen. Die Verstorbenen wurden nachts in einem Massengrab verscharrt.

Ich besuchte Mutter jeden Tag im Krankenhaus. Ihr Essen teilte sie mit mir. Morgens gab es zwei Schnitten Brot in Lebertran getränkt, mittags zwei Teller Suppe und Abends wieder zwei Schnitten Brot mit Lebertran. Einmal kam ein Arzt ins Krankenzimmer und erblickte mich. „Wem gehört das Kind?“, brüllte er los. Mutter meldete sich. Da hat er sie furchtbar ausgeschimpft. Ich aber war so erschrocken, dass ich schnell zu unserer Baracke lief. Als ich ankam, musste ich erkennen, dass meine Geschwister und die anderen Lagerinsassen in ein anderes Lager umgezogen waren. Ganz allein habe ich dann die Nacht zugebracht. Ich habe viel geweint, legte mich aber doch schlafen. Leider gab es in den Strohsäcken so viele Läuse, Flöhe und Wanzen, dass ich schrecklich gequält wurde. An Schlaf war nicht zu denken. Am ganzen Körper trug ich rote Flecken, so arg war ich zerstochen. Sie haben mir das bisschen Blut, das ich noch in meinen Adern hatte, herausgesogen. Schließlich schlich ich mich auf den Hof und wischte mir das Ungeziefer vom Leibe. Hilflos und mutterseelenallein stand ich in der Finsternis. Zu meinem Schlafplatz wollte ich nicht wieder zurück. So legte ich mich an den Straßenrand und verbrachte dort Nacht für Nacht. Weil mich der Hunger plagte, ging ich betteln. Meist lag in meiner ausgestreckten Hand eine

Kartoffel oder ein paar Kartoffelschalen. Nur eine ältere Frau brachte mir jeden Tag einen Teller warme Suppe. Sie war mein rettender Engel in der Hungersnot. Aber eines Tages erschien die alte Frau nicht mehr, und ihr Häuschen wurde abgerissen. Um diesen lieben Menschen habe ich sehr getrauert. Noch nicht einmal beim Tod meines Vaters habe ich so geweint. Sein Sterben habe ich damals nicht so recht wahrgenommen. Wahrscheinlich hat meine Mutter mich vor diesem schrecklichen Erleben ein Stück weit abgeschirmt.

Ich hoffte immer noch, sie würde eines Tages wiederkommen. Nun war mir bewusst, dass ich in Zukunft keine warme Suppe mehr erhalten würde. Ich war verzweifelt und irrte bei Wind und Wetter in der Stadt umher. In den Gärten suchte ich nach Fallobst. Nachts legte ich mich in eine Ecke und schlief auch bald ein, denn ich war vom langen Laufen und Suchen todmüde. Wurde es hell, dann sprang ich schnell auf. Ich hatte Angst, ich könnte von der Polizei erwischt und wegen Bettelns eingesperrt werden. Nachts fühlte ich mich sicherer. Drei Monate lebte ich auf der Straße, meist unter Brücken, und schlug mich durch. In der Zwischenzeit wurde mein Bruder unruhig, weil sich unsere Reise so lange hinzog. Durch das Rote Kreuz ließ er uns suchen. In Minsk wurden wir ausfindig gemacht. Meine Mutter war noch immer im Krankenhaus und die Brüder in der neuen Lagerunterkunft. Nur ich galt als vermisst. Ein Herr vom Roten Kreuz hat mich schließlich entdeckt. In der Baracke gab es nämlich eine Wasserleitung, und dorthin ging ich immer, um meinen Durst zu stillen. So konnte mich der Helfer vom Roten Kreuz an der Wasserstelle finden. Als er mich ansprach, reagierte ich zunächst nicht. Dann nannte er aber meinen Namen und sagte: „Komm, Lydia, wir gehen jetzt zu deiner Mutter. Sie wartet auf dich und ist ganz traurig über dein Verschwinden." Da ging ich mit dem Herrn ins Krankenhaus. Als ich die Tür zu Mutters Krankenstube aufmachte, konnte ich nur noch ausrufen: „Mutti!" Dann überwand mich der Kummer. Ja, ich wurde regelrecht von einem Weinkrampf geschüttelt und gerüttelt.

In drei Tagen sollte nun der Transport nach Deutschland starten. Amerikanische Christen hatten ihn organisiert, um Waisenkinder aus dem Elendsgebiet herauszuholen. Wir durften uns diesem Transport anschließen, damit die Reisekosten gering blieben. Erst in Deutschland sollten wir die Fahrkarten bezahlen. Ernst und ich wurden zu den Waisenkindern gezählt und mussten gar kein Geld entrichten. Aber zunächst wurden wir alle untersucht. Nur Gesunde durften reisen. Angst überfiel mich. Mein Leib war vor lauter Hungerödemen aufgedunsen und mein Körper voller Geschwüre. Ich sah wirklich krank aus. Meine Mutter beriet sich mit meinen älteren Geschwistern. Ich sollte zuerst untersucht werden. Würde ich aus Krankheitsgründen vom Transport zurückgestellt werden, dann wollte meine Familie bei mir bleiben. Auf keinen Fall wollten wir wieder auseinander gerissen werden. So fragte meine Mutter die Brüder: „Seid ihr mit diesem Vorschlag einverstanden, dass wir zusammenbleiben und wieder zurück in unsere Heimat gehen, auch wenn wir dort verhungern müssen? Noch hoffe ich, dass Lydia nicht als krank eingestuft wird." Dieser Vorschlag wurde von allen angenommen.

Als Erste wurde ich nun von einem Arzt des Roten Kreuzes untersucht, dem unser Schicksal nicht bekannt war. Er wusste nicht, dass mein Vater gestorben war und Mutter im Krankenhaus gelegen hatte. So schaute der Doktor nach der Untersuchung zuerst mich an und warf dann meiner Mutter einen

Blick zu: „Ist Lydia etwa krank?“, fragte meine Mutter. „Nein“, antwortete der Arzt, „aber sagen Sie mir, wann haben Sie Ihrer Tochter das letzte Mal etwas zu essen gegeben?“

„Das kann ich Ihnen gar nicht sagen, Herr Doktor, denn ich war die letzten acht Wochen im Krankenhaus.“

„Ihr Kind ist am Verhungern. Die Kleine hätte höchstens noch drei Tage überlebt. Es wird höchste Zeit, dass Sie Ihrer Tochter etwas zu essen und zu trinken geben. Aber sonst ist sie gesund.“

Nun war alles entschieden. Unserem Transport nach Deutschland stand nichts mehr im Wege. Die Fahrt führte über Warschau nach Frankfurt an der Oder. Aber der Arzt hatte meiner Mutter strenge Anweisungen gegeben, wie sie mich ernähren sollte. Im Zug sorgten Schwestern des Roten Kreuzes für mich. Am ersten Tag erhielt ich ein Viertel eines Butterkekses und etwas Haferschleim in Wasser gekocht. Ich war so heruntergekommen, dass ich gar nichts mehr essen wollte. Aber mein Bruder Ernst, den ich über alles liebte, redete mir gut zu, und ich schluckte die angebotene Portion hinunter. Doch bei jedem Löffel Brei schüttelte es mich. Ich war traurig, dass ich im Zug von meiner Mutter getrennt war, denn ich war mit meinem Bruder im Sanitätsabteil. So weinte ich fast den ganzen Tag, und keiner konnte mich trösten. Schließlich kam ein Arzt zu mir und fragte: „Sag mal, kleiner Schatz, warum bist du so traurig?“ Ich brachte kein Wort über die Lippen und fing noch lauter an zu weinen. Der Doktor drückte mich fest an sich. „Wein du nur, du kleines Würmchen. Fast wärst du uns ja verhungert.“ Er streichelte meine Wangen und sagte nur: „Wein du dich mal richtig aus, dann wird es dir bald besser gehen.“ Aber ich blieb untröstlich. Schließlich kam es über meine Lippen: „Ich will zu meiner Mutti." Nun hatte ich mir meinen Kummer von der Seele geredet. „Ja, du kannst zu deiner Mutter. Aber du wirst in dem anderen Zugabteil nicht das gute Essen bekommen, das dir hilft, wieder richtig laufen zu können. Hier im Krankenabteil wird bestens für dich gesorgt, und das Essen ist viel besser und gesünder für dich."

„Ja, ja, das glaube ich Ihnen, Herr Doktor", stotterte ich. „Aber ich will doch zu meiner Mutti, auch wenn das Essen schlechter ist." So kam ich zu meiner Mutter. Ich war glücklich, aß alles, was mir zugeteilt wurde, mit Appetit, und bald ging es aufwärts mit mir.

Wir erreichten Frankfurt/Oder und kamen zunächst in eine Aufnahmebaracke. Es war der 27. Dezember 1922. Einen Tag später erlebten wir eine wunderbare Überraschung: eine Weihnachtsbescherung. Ich zählte ja zu den Waisenkindern und wurde zuerst beschert. Wie sehr habe ich mich über die Äpfel und Plätzchen gefreut! Über mein Springseil war ich todunglücklich, denn ich wusste nichts damit anzufangen. Ich lief schnell zu meiner Mutter und weinte. „Jetzt habe ich einen Strick zum Aufhängen bekommen!" Mutter beruhigte mich. „Kind, das ist ein Seil zum Hüpfen." Ich probierte mein neues Geschenk gleich aus. Welch großen Spaß machte es mir. Mutter durfte mit meinen Brüdern nach mir zur Bescherung kommen. So blieb ich allein in der Baracke zurück. Plötzlich ging die Tür auf, und ein Mann mit Bart, Rucksack und einer Rute in der Hand trat herein. Ich hatte noch nie einen Weihnachtsmann gesehen und bekam schreckliche Angst. Mit meinem Geschenk in der Hand und den Schuhen an den Füßen verkroch ich mich im Bett. „Aber, aber", schaute mich der Weihnachtsmann mit großen Augen an, „wer wird denn mit Schuhen ins Bett gehen? Steig fix heraus aus deinen Federn!" Ich stand schnell auf, kniete vor meinem Bett nieder und betete das Vaterunser.

„Du kannst aber schön beten", lobte mich der Weihnachtsmann. „Dafür sollst du auch recht belohnt werden." Aus seinem großen, weißen Sack holte er Plätzchen heraus und schenkte sie mir. Aber ich bebte noch lange am ganzen Körper, und Mutter fragte mich ganz besorgt: „Lydia, was ist denn mit dir los? Du zitterst ja wie Espenlaub." Ich warf mich in Mutters Arme und erzählte ihr von dem großen Weihnachtsmann. Sie tröstete mich, und schon bald schlief ich auf meiner Pritsche ein.

Der nächste Tag war schrecklich für mich. Ich erkrankte an einem Ekzem und musste ins Krankenhaus. Die Schwestern brachten mich auf der Säuglingsstation unter. Ich als größeres Mädchen zu den Babys? Ich war entsetzt, und die erneute Trennung von meiner Familie hat mir die Sprache verschlagen. Wenn Schwestern oder Ärzte in mein Zimmer kamen, drehte ich mich sofort zur Wand. Ich konnte kein Wort mehr sagen. Das Krankenhauspersonal mühte sich in liebevoller Weise, mir Freude zu machen. Sie stellten mir sogar einen schön geschmückten Weihnachtsbaum auf den Nachttisch; aber ich blieb weiterhin verschlossen. Wenn ich allein war, konnte ich mich sogar über das Weihnachtsbäumchen freuen. Doch sobald jemand zur Tür hereinkam, versteinerten meine Gesichtszüge.

An den Babys hatte ich Freude. Weinte ein Säugling, dann schlüpfte ich aus dem Bett und beruhigte ihn. Ich wickelte die Kinder, wenn die Windeln nass waren. Aber sobald jemand die Tür öffnete, verkroch ich mich unter der Bettdecke. Zum Glück blieb ich nicht lange auf dieser Station. Die

Hautrötungen heilten ab. Mir ging es besser. So wurde ich entlassen. Aber die Ärzte waren sehr besorgt um mich und fragten meine Mutter, ob ich denn noch normal sei. „Ja, Lydia ist geistig nicht behindert. Das Kind hat nur zu viel Schweres durchgemacht, und es wird schon noch eine Zeit dauern, bis sie sich von all den Schrecknissen erholt hat."

Mein Bruder hatte seinen Schwager zu uns geschickt, dass er uns endlich nach Neuenmarkt bringen sollte. Anschließend setzten wir unsere Reise nach Rathenow fort. In Senske stiegen wir aus und wurden von unserem Bruder abgeholt. Hier erhielt ich meine erste Tafel Schokolade. Aber ich kannte diese Süßigkeit nicht und verschenkte sie an meine drei Neffen. Erich, der Jüngste, ließ mich ein Stück von der Schokolade abbeißen. „Was bin ich bloß für ein Dummerle!", sagte ich mir. „Wie konnte ich nur so etwas Gutes verschenken!"

Wir schrieben das Jahr 1923, und in Deutschland herrschte die Inflation. Für meinen Bruder war es schwer, eine groß gewordene Familie zu ernähren. Er drückte meiner Mutter ein Brot in die Hand und sagte: „Mehr kann ich euch nicht geben." Wir waren schrecklich arm und besaßen rein gar nichts: kein Bett, keinen Stuhl, keine Teller, keine Tassen, keine Lebensmittel, noch nicht einmal ein Ei, also gar nichts. Es gelang uns aber, dass wir alle Arbeit fanden und dafür auch entlohnt wurden. Nur ich erhielt keinen Pfennig. Es hieß: die Kleine arbeitet fürs Essen.

Ich war 11 Jahre alt, als ich am 6. Januar 1923 zur Schule ging. Alle Kinder standen um mich herum und glotzten mich mit großen Augen an. Ich war verunsichert und fragte mich, warum mich die anderen Schüler so verstört anschauten. Auch der Lehrer schüttelte den Kopf, als er mich zum ersten Mal sah. Die Sache klärte sich schnell auf. Ich war ja so arm wie eine Kirchenmaus und musste deshalb das Flanellhemd meines Bruders anziehen. Unter dem Hemd schaute das gestrickte Röckchen hervor. So sah ich äußerst komisch aus. Dazu trug ich zwei verschiedene linke Schuhe, und um den Kopf ein rotes Tuch, denn mein Kopf war kahlgeschoren worden. So stand der Beginn in der Schule für mich unter keinem guten Stern. Die Kinder betrachteten mich wegen meiner armseligen Kleidung. Aber auch in anderer Beziehung waren die drei nächsten Jahre nur schwer durchzustehen. Im Sommer musste ich morgens um halb fünf aufstehen, beim Bauer zur Arbeit gehen und dann den Unterricht besuchen. Nach Schulschluss setzte ich mein Tun auf dem Feld bis halb sieben fort. Erst spät kam ich dazu, meine Hausaufgaben zu erledigen. Kein Mensch konnte mir dabei helfen, denn meine Brüder lebten bei einem Landwirt, wo sie auch eine Anstellung gefunden hatten. Ich wohnte mit meiner Mutter allein in einer Stube. Aber Mutter hatte ja auch nie Lesen und Schreiben gelernt. Während meiner Schulaufgaben schlief ich über meinem Heft oft ein und hatte natürlich für den nächsten Tag meine Sache nicht korrekt erledigt. Es verging kaum ein Tag, an dem ich nicht weinend aus der Schule kam. Ich lernte nicht gut und wies viele Lücken auf. Deshalb blickten meine Mitschüler auf mich herab. Manchmal verspotteten sie mich auch, und ab und zu ließen die Jungen ihre Wut an mir aus und gaben mir Ohrfeigen. Ich war todunglücklich. Auch in die Konfirmandenstunde ging ich nicht gerne. Nur der Religionsunterricht machte mir Spaß. In diesem Fach konnte ich meine Hausaufgaben zur Zufriedenheit des Lehrers erfüllen; denn in Religion konnte mir meine Mutter helfen. Weil ich den Stoff beherrschte, durfte ich auf der hintersten Bank etwas schlafen. Ich hatte ja vor Schulbeginn schon zweieinhalb Stunden hart auf den Feldern gearbeitet. Gegen Ende der Religionsstunde schlug mir der Lehrer auf die Schulter, weckte mich auf und meinte: „So, Lydia, nun sag mir die ersten vier Gebote auf!" Ohne Fehler und ohne stecken zu bleiben rasselte ich die Gebote auswendig herunter. Das Lob meines Lehrers war mir sicher: „Seht nur die Lydia an, wie fleißig sie gelernt hat."

Der letzte Schultag wurde für mich zu einem Fiasko. Traurig kam ich zum Unterricht, und mein Gesicht war total blass verfärbt. „Fehlt dir etwas? Bist du krank? Was ist mir dir los?" Ich konnte zunächst kein Wort über die Lippen bringen und musste weinen. Erst nach einer Weile, als ich mich wieder beruhigt hatte, sagte ich zu dem Lehrer: „Ich möchte so gerne noch etwas länger in der Schule bleiben. Das Lernen macht mir jetzt Spaß." Da legte er seine Hand auf meine Schulter und lobte mich: „Um dich habe ich keine Angst. Du bist ein tapferes Kind und wirst überall deine Sache gut machen." Auch der Konfirmandenunterricht machte mir mit der Zeit mehr Spaß, nachdem ich das Lesen besser gelernt hatte. Der Einsegnungstag war für mich ein Höhepunkt in meinem Leben. Vor allen Dingen habe ich mich über meinen Konfirmationsspruch aus Psalm 121,2-3 gefreut: „Meine Hilfe kommt von dem Herrn, der Himmel und Erde gemacht hat. Er wird deinen Fuß nicht gleiten lassen, und der dich behütet, schläft nicht." Diese Erfahrung habe ich schon mit zehn Jahren machen dürfen, als ich fast verhungert wäre. Damals lautete mein erstes Gebet: „Herr, lass mich niemals reich werden, aber bewahre mich davor, dass ich jemals wieder so arm werde, wie ich jetzt bin." Gott hat mein Rufen gehört.

Nach dem Schulabgang blieb ich noch ein Jahr in Wagenitz und arbeitete bei einem Bauern. Dann folgte ein Jahr in Hage, wo ich auch in der Landwirtschaft einen Arbeitsplatz gefunden hatte. Aber mich zog es nach Berlin. In der Hauptstadt versprach ich mir eine leichtere Stellensuche. Ich fuhr mit dem Zug los und sollte auf dem Bahnhof Jungfernheide abgeholt werden. Aber es war niemand erschienen. Mein Bruder musste an diesem Tag arbeiten und war deshalb unabkömmlich. Ich war schon etwas enttäuscht, machte mich aber dann selbst auf den Weg und fuhr mit der Straßenbahn Linie 3 bis Krumme Straße. Mit meinem schweren Korb schleppte ich mich bis in die Wohnung im vierten Stock. Leider traf ich dort niemanden an. Um die Mittagszeit war ich gekommen, und erst am Abend konnte ich meinen Bruder begrüßen, als er von seiner Arbeitsstelle heimkam.

In Berlin hatte ich mehrere Angebote zur Arbeit, und es war schon damals schwierig, das Rechte zu finden. Zunächst trug ich Werbematerial aus. Dann fand ich eine Anstellung bei einer jüdischen Familie, und schließlich landete ich bei einem Autodroschkenbesitzer und musste die Autos waschen. Ein Vierteljahr blieb ich in dieser Familie. Dann haben sich die Eheleute schrecklich gezankt. Manchmal flogen die Fetzen. Es kam sogar zu einem Prozess, und ich musste mit meinen 17 Jahren als Zeugin aussagen. Noch nie zuvor hatte ich ein Gericht von innen gesehen. Mein Auftritt machte mir schwer zu schaffen, und ich kündigte meine Arbeitsstelle. Diese Streitereien und Handgreiflichkeiten wollte ich nicht länger mit ansehen.

Es war für mich ein Glücksfall, dass ich in der Konditorei und Café Kersten am Kurfürstendamm eine Anstellung fand. Die neue Herrschaft war sehr gut und freundlich zu mir und hat mich bestens behandelt. Wir waren zehn Angestellte: sechs Mädchen und vier junge Männer. Von den jungen Leuten in der Konditorei wurde ich oft verspottet, weil ich nicht ins

Kino und auf den Tanzboden ging. An einem Sonntagnachmittag wurde ich von einer Gleichaltrigen eingeladen, mit ihr in Berlin etwas zu erleben. Ich sagte zu und schloss mich ihr an. Ich wusste nicht, wo wir hingehen wollten. Plötzlich standen wir vor einem Kasino. Wir waren kaum eingetreten, da hängte sich das junge Mädchen an einen Soldaten und war alsbald mit ihm verschwunden. Ich lief ihr hinterher, doch konnte ich sie nirgends entdecken. Nun stand ich mutterseelenallein auf der Straße, und die Tränen rannen mir über die Wangen. Wie sollte ich nun nach Hause kommen? Mein Geld hatte ich leichtsinnigerweise in ihre Handtasche getan. Ich wusste nur, dass ich mit der Linie 3 zum Kurfürstendamm fahren musste. Mir war ganz elend zumute. Plötzlich sprach mich ein Unteroffizier an: „Fräulein, für Sie ist dies keine gute Atmosphäre, gehen Sie lieber nach Hause."

„Ja, das will ich ja auch, aber mein Portmonee liegt in der Handtasche meiner Begleiterin, und sie ist wie vom Erdboden verschwunden. Nun weiß ich nicht, wie ich nach Hause kommen kann." Der freundliche Soldat brachte mich zur Straßenbahn, drückte mir das Fahrgeld in die Hand und rief mir noch zu: „Fräulein, tun Sie dies nie wieder!"

Mir wurden die spöttischen Angriffe meiner Kollegen in der Konditorei zu viel. Ein Jahr hielt ich es mit ihnen aus, dann bewarb ich mich bei der Gärtnerei Sigmund. Dort arbeitete ich drei Jahre lang. Ich habe auf dieser Stelle viel im Haus und im Garten gelernt. Außerdem wurde mir der kleine Sohn anvertraut, wenn die Eltern abends ins Kino gingen. Er war gerade ein Vierteljahr alt. Ich sollte das Baby so lange im Zimmer herumtragen, bis es eingeschlafen war. Ich hielt mich aber nicht an die Anweisungen meiner Chefin, weil ich noch so viele andere Arbeiten erledigen musste, und legte das schreiende Baby in die Wiege. Ich dachte, irgendwann würde sich das Kind schon beruhigen. Dann nach einer Weile wurde es ganz still im Kinderzimmer. Das kam mir fast unheimlich vor. Ich schaute nach dem Säugling und war ganz erschrocken. Das Baby hatte sich so in die Bettdecke verwickelt, dass es keine Luft mehr bekam. Es war schon ganz blau. Schnell hob ich den Jungen aus den Federn, rüttelte und schüttelte ihn, bis er wieder zu atmen begann. Der Junge hätte ersticken können. Da habe ich Gott gedankt, dass ich noch rechtzeitig nach dem kleinen Schatz geschaut hatte. Welch schwere Vorwürfe hätten mich geplagt, wenn das Kind gestorben wäre. Vor Gott und den Eltern hätte ich mich verantworten müssen. Von da an ließ ich das Baby immer erst in meinen Armen einschlafen, ehe ich es in sein Bettchen legte.

Meine Chefin war sehr freundlich zu mir, aber auch streng. Einmal hat sie sich vergessen und mir eine Ohrfeige gegeben. Wahrscheinlich hatte ich sie auch verdient. Ich war sehr gerne in dieser Gärtnerein. Leider hat die Firma Pleite gemacht. Aber Familie Sigmund suchte für mich eine neue Arbeitsstelle. In einem Feinkostgeschäft in Charlottenburg fand ich eine neue Anstellung. Fortan verkaufte ich Wild und Geflügel und andere Delikatessen. Diese Geschäftsleute nahmen mich wie ihr eigenes Kind auf. Manchmal musste ich auch in einer ihrer drei Filialen aushelfen. Die Arbeit gefiel mir gut, und es gab immer viel zu tun. Aber an den Sonn- und Feiertagen hatte ich frei. Dann fuhr ich nach Hause zu meinem Bruder und seiner Familie. An einem Heiligabend, als ich mit meinem Fahrrad noch spät in der Nacht zu meinem Bruder fuhr, wurde ich von einem anderen Radfahrer verfolgt. Angst packte mich. Da habe ich laut den Namen meines Bruders gerufen und habe dem Kerl eine Ohrfeige verpasst. Da ließ er von mir ab.

Und noch eine andere wunderbare Bewahrung erlebte ich. Ich hatte mir an einem Finger eine Blutvergiftung geholt. Mit dem Verband wollte ich nicht in das Geschäft gehen. Da habe ich mich auch nicht darum gekümmert, ob die Ladentür abends verschlossen war. Um drei Uhr in der Nacht wurde ich plötzlich von einer Männerstimme geweckt; denn ich schlief in einem kleinen Zimmer direkt hinter dem Laden. Daneben stand ein großer Sessel. In dem hatte ein Mann Platz genommen. Er war total betrunken und hielt in seinen Händen einen Beutel. Er stand plötzlich auf, rannte um mein Bett und zerrte an der Bettdecke. Ich bewahrte Ruhe, setzte mich auf und fragte: „Wie kommen Sie denn hier herein?“ „Durch die Tür natürlich. Sie haben vergessen, sie abzuschließen“, antwortete er mir. „Nun machen Sie sich aber schnellstens davon!“, befahl ich ihm. Er gehorchte, und mir fiel ein Stein vom Herzen. Welch eine Bewahrung Gottes habe ich in dieser Nacht erlebt.

Im November 1936 hatte ich mich mit einem jungen Mädchen verabredet. An der Straßenbahn wartete ich auf sie. Sie lud mich zu einem christlichen Jugendkreis ein. Diese Veranstaltung wurde für mein Leben von großer Bedeutung. Die Bibel lernte ich immer besser kennen und Jesus lieben. Am zweiten Weihnachtstag übereignete ich Christus mein junges Leben. Im Juli 1937 nahm ich an einer biblischen Rüstzeit in Elbingerode teil. In diesen Tagen des intensiven Bibelstudiums vernahm ich den Ruf Jesu, ihm als Diakonisse zu dienen. Die Berufung traf mich so überraschend, dass ich darüber erschrak. Nie und nimmer wollte ich Schwester werden. Ich wünschte mir eine Ehe und viele Kinder. So brachte mich dieser göttliche Ruf in eine schwere Auseinandersetzung. Ich sträubte mich mit Händen und Füßen, in ein Diakonissenhaus zu gehen.

Diese Berufung beschäftigte mich so sehr, dass ich kaum noch essen und trinken konnte und schrecklich an Gewicht verlor. Meine Freundinnen dachten, ich sei krank, und wollten mich schon zum Arzt schicken. Aber ich musste ihnen bekennen, dass der Herr mich in seinen Dienst gerufen hatte, ich aber diesem Ruf nicht folgen wollte. Nach langem heftigem Ringen gab ich meinen Widerstand auf und bereitete mich für den Dienst als Diakonisse vor. Ich schrieb meinen Lebenslauf, meldete mich im Mutterhaus an, hoffte aber im Stillen, dass ich nicht genommen würde, wenn die Oberin sähe, welch schlechte Schulbildung ich hatte.

Mit mir wollte noch ein junges Mädchen Schwester werden. Sie brachte viel bessere Voraussetzungen zum Dienst als Diakonisse mit. Sie war begabt und auch noch jünger als ich. Als ich sie in unserem Bibelkreis traf, flossen ihr die Tränen über die Wangen. Bestürzt fragte ich sie: „Lucie, was ist mit dir los? Warum weinst du?“ Da hielt sie mir den Brief entgegen, den sie vom Mutterhaus erhalten hatte. Ich las: „Wir sind uns vor Gott klar geworden, dass Sie noch etwas warten sollten.“ Als ich diese Zeilen las, kam Freude in mir auf. Ich sagte mir: Wenn Lucie nicht aufgenommen wird, dann ich erst recht nicht. In diesem Augenblick kam Schwester Herta, unsere Jugendbundleiterin, auf mich zu und bat mich in ihr Zimmer. „Lydia, ich habe hier einen Brief für Sie. Soll ich ihn vorlesen?“ Ich nickte. Da las sie: „Sobald Sie können, freuen wir uns auf Ihre Ankunft. Wir nehmen Sie gerne in unsere Schwesternschaft auf.“ Da fing ich an zu weinen, denn ich sträubte mich ja sehr, Diakonisse zu werden. Aber ich entschloss mich, Gott gehorsam zu sein.

Meiner Mutter teilte ich meine Berufung zuerst mit. „Kind“, nahm sie mich in ihre Arme, „ich habe ja schon so lange für dich gebetet, dass Gott dich in seinen Dienst stellen möge. Wenn es Gottes Wille ist, dann sag Ja zu diesem neuen Weg. Egal, was dich im Mutterhaus erwartet, nimm jede Aufgabe willig an, sei es in der Tischlerei, in der Küche, in der Schuhmacherei oder in der Schmiede. Nur ins Büro solltest du nicht gehen. Deine Schulkenntnisse sind zu schlecht." Meine Mutter legte mir keine Steine in den Weg. Ja, sie freute sich, dass Gott ihre Tochter würdigte, seine Mitarbeiterin zu werden. Nur meine Geschwister waren mit meinem Plan nicht einverstanden. Als sie aber später merkten, wie glücklich ich als Schwester war, sagten sie nichts mehr. So bereitete ich mich für den Eintritt vor. Die Sachen, die ich nicht mehr brauchen würde, verteilte ich unter meinen Verwandten. Einen Teil meiner Aussteuer brachte ich ins Mutterhaus, auch mein erspartes Geld.

Am 20. September 1937 trat ich dann in Elbingerode ein. Fünf Jahre quälte ich mich im Mutterhaus und widerstrebte Gott. Ich war keine frohe Schwester. Doch nach dem fünften Jahr ging es mir besser. Ich denke, mein Anflug von Schwermut hing auch mit den notvollen Erfahrungen in meiner Kindheit zusammen. Wer fast verhungert wäre, ständig Angst vor fremden Menschen hatte, nicht wusste, wo er die Nacht zubringen sollte, vom Ungeziefer geplagt wurde, dazu wusste, dass die Mutter lebensgefährlich erkrankt und der Vater in einem Massengrab verscharrt war, der wird meine Verzagtheit und Niedergeschlagenheit gut verstehen. Die Berufung zur Diakonisse war für mich eine starke Herausforderung, aber ich habe sie angenommen und im Glauben bewältigt. Mit der Zeit lebte ich in der frohen, tragenden Schwesterngemeinschaft auf und gewann Hoffnung für die Zukunft. So wurde ich ein glücklicher Mensch im Mutterhaus. Wenn ich noch einmal zu wählen hätte, würde ich wieder Diakonisse werden. Jesus bedeutet mir alles in meinem Leben. Er ist das Höchste, mein Herr und Heiland. Das Wort aus Jesaja 43,12 ist mir zu einem Schlüsselwort geworden. Dort sagt Gott: „Ich wirke, wer will's abwenden?" Ich habe diesen Vers in meiner Bibel rot unterstrichen, als ich den Ruf in den vollzeitlichen Dienst vernahm. So fragte ich zu Recht: Wer bin ich, dass du, Gott, mich ernst nimmst? Wozu willst du mich brauchen, meine Kraft, meine Zeit, mein Vermögen? Dein bin ich in allem, was ich denke, rede, tue und habe. So kann ich voller Vertrauen sprechen: Herr, was ich gelebt habe, das decke zu, was ich noch lebe, regiere du! Der alles in allem in meinem Leben wirkt, ist Jesus. Ihm gehöre ich.

Es war schon ein großes Vorrecht, dass zwei Schwestern besonders für mich bereitgestellt wurden, meine enormen Lücken im Lesen und Schreiben auszufüllen. Sie verstanden es wunderbar, mir Deutschunterricht zu geben, und ich war eine willige Schülerin. Die ersten Monate wurde ich im Haus eingesetzt und muss mich wohl auf diesem Gebiet gut angestellt haben. Ich durfte selbständig arbeiten. Dann aber rief mich eines Tages die Oberin, Schwester Klara, zu sich. Ich ahnte nichts Gutes. Sie sagte zu mir: „Schwester Lydia, wir haben gedacht, dass Sie auf unserem Wirtschaftshof in den Kuhstall gehen." Ich hatte Angst, diese neue Aufgabe zu übernehmen; denn ich war von Gestalt sehr klein und körperlich auch nicht so stark. Ich musste mich mächtig anstrengen, um die Arbeit zu bewältigen. Schon um vier Uhr stand ich auf und ging in den Stall. Melken, füttern und ausmisten forderten meine ganze Kraft. Um sechs Uhr fünfzig zog ich schnell meine Stallkleider aus und warf die Jungschwesterntracht über. Ich holte dann die Milch in großen 20-Liter-Kannen, fuhr sie auf einem Wagen zur Küche und schüttete die Milch in riesige Kessel. Die leeren Kannen brachte ich schnell wieder zurück. Ich wechselte die Schürze, wusch die Hände und saß um sieben Uhr zwanzig auf meinem Platz am Tisch.

In meiner Zeit als Schwesternschülerin passierten mir auch einige Pannen und ich geriet darüber in Not. Einmal sah ich nicht, dass in dem Kessel noch Wasser war und schüttete die Milch hinein. Außerdem habe ich abends den Eselsstall abgeschlossen und den Schlüssel leichtfertig in die Schürzentasche gesteckt. Die Zeit drängte, und ich musste noch bei den Ochsen und Bullen die Streu wechseln. Erst danach wollte ich den Schlüssel ans Schlüsselbrett hängen. Ich fasste in die Tasche, und der Schlüssel war weg. Es blieb mir keine Zeit, ihn zu suchen; denn es war bei uns Sitte, dass wir am Abend antraten, um der Hausleitung Gute Nacht zu sagen. Die verantwortliche Schwester drängte und rief mir noch zu: „Lydia, beeil dich, wir kommen sonst noch zu spät.“ Schnell musste ich mich wieder umziehen, die Milch in der Küche abliefern, die Schürze wechseln, Abendbrot essen und dann zum Gute-Nacht-Sagen antreten. Ich geriet in Schwierigkeiten. In meiner Not betete ich: „Lieber Herr, ich habe jetzt keine Zeit, um den Schlüssel zu suchen. Wahrscheinlich habe ich ihn verloren, als ich den Ochsen und Bullen das Stroh einstreute. Bitte, sag mir, wo das so wertvolle Stück liegt. Ich muss den Schlüssel finden! Wenn erst mal die Kuhfladen über der Spreu verteilt sind, ist das fast unmöglich.“ Plötzlich kam es mir in den Sinn: Schau doch mal beim letzten Ochsen nach. Am linken Fuß könnte er liegen. Welch ein Wunder! Ich hob den Schlüssel aus dem Stroh, war überglücklich und bedankte mich bei Gott für die richtige Eingebung.

Vom Wirtschaftshof aus wurden wir jungen Schwestern öfter mal aufs Gut geschickt, um die Stallfenster zu putzen. Ein

Umbau war geplant. Aus dem Schafstall sollte ein Kuhstall werden und aus der Scheune ein Schafstall. Eine neue Scheune war vorgesehen. Auch bei der Ernte wurden wir auf dem Gutshof Heiligenstock eingesetzt. Am 30. Januar 1939 trieb ich meine Kühe und Rinder zum Gutshof, und dort sollte ich vorerst auch bleiben. Diese Arbeit war mir gar nicht so recht. Die Landwirtschaft forderte meine ganze Kraft. Ich musste das Vieh versorgen, auf den Wiesen Heu machen, Rüben hacken und verziehen, die Ernte einbringen und beim Dreschen helfen, im Herbst Kartoffeln lesen und bei der Aussaat des Wintergetreides helfen. Aber ich rang mich zu einem Ja durch, und dann machte mir meine Tätigkeit auf dem Gut neue Freude.

Aber eines Tages wurde ich vom Gut weggeholt und im Mutterhaus eingesetzt. Zu meiner Aufgabe gehörte es, die jungen Mädchen in der Hauswirtschaft anzuleiten. Wie sehr habe ich mich darauf gefreut. Es war eine überaus interessante Tätigkeit, und wir waren eine fröhliche Schar. Zehn Jahre lang durfte ich diese Aufgabe durchführen. Mir war es ein besonderes Anliegen, „meine jungen Helferinnen“ zu Christus zu führen. So habe ich ihnen erzählt, wie bedeutsam Jesus mir in meinem Leben geworden war. Ich scharte sie auch um mich, und wir lasen die Bibel miteinander und beteten. Das war eine herrliche missionarische Aufgabe. Die jungen Mädchen liebten mich, und ich liebte sie.

Wie schnell ging diese wunderbare Zeit ihrem Ende entgegen. Mir wurde eine neue Aufgabe zugeteilt. Ich sollte die Verantwortung über unseren Schweinestall übernehmen. Zunächst nur zur Vertretung, doch daraus wurden zwanzig Jahre, die ich bei meinen geliebten Tieren zubrachte. Ich hatte ja schon früher immer mal eine Schwester auf dem Hühnerhof oder im Schweinestall vertreten. So war mir diese Arbeit vertraut.

Sie füllte mich ganz aus, und ich erlebte eine überaus glückliche Zeit. Aber zunächst hätte ich doch lieber eine Arbeit verrichtet, bei der ich angesehener war. Ich war ja den ganzen Tag mit meinem Vieh beschäftigt und bekam die anderen Schwestern nur selten zu Gesicht. Wer erteilte mir schon ein Lob und sprach eine Anerkennung aus? Aber dann war es ein Lied, das mich auf die rechte Spur brachte. Unser Direktor hatte eine wunderbare Stimme, und ab und zu sang er mal ein Solo. Eines seiner Lieder drang mir ins Herz.

„Sieh, hier bin ich, mein König, ich weihe mich dir;
nimm, gebrauche mich, Herr, wie du willst.
Ach, ich weiß, nichts, was Wert hat, ist irgend an mir,
nichts, wenn du mich nicht selber erfüllst.

Refrain: Mach, was klein dir, mir klein;
was dir groß ist, mir groß,
dass ich folge dir, Jesu, allein.
Mach vom eigenen Sinn, von mir selber mich los,
lass ein brauchbares Werkzeug mich sein.

Sieh, hier bin ich, mein König, mein Herze, das brennt,
dir zu dienen, wo du es begehrst.
Gib, dass völlig dein Geist vom Verlangen mich trennt,
mir zu nehmen, was du nicht gewährst.

Sieh, hier bin ich, mein König, und ist meine Hand
nicht geschickt für den vordersten Streit,
so verzäune die Lücken und bess're das Land
doch durch mich, denn ich bin dir geweiht.
Sieh, hier bin ich, mein König, ob niemand es weiß;

wenn dein Auge nur über mir wacht,
wenn ich da, wo ich steh, tu nach deinem Geheiß,
bin ich glücklich bei Tag und bei Nacht.

Ganz neu übereignete ich Gott meinen Willen und wollte ihm auch mit dieser weniger angesehenen Arbeit dienen. Es war mein Stolz, den ich vor Gott als Schuld bekennen musste. Bei ihm zählt doch jede Arbeit, ob groß oder klein, wichtig ist nur, dass ich alles von Herzen für ihn tue.

In einer Nacht sollte ich bei meinen Schweinen Wache halten. Es war sehr ruhig im Stall, und so holte ich mir meine Spruchkärtchen hervor, die ich mir gekauft hatte. Einer dieser Sprüche hat mich besonders beeindruckt und ist mir bis heute lieb geworden:

„Kann ich nicht dein Baumeister sein,
behau ich als Steinmetz den Stein.
Fehlt mir auch dazu Geschick und Verstand,
trag ich nur Steine herzu und Sand.“

Mein Herz kam bei Gott zur Ruhe und wurde zufrieden. Zu Recht sagte ich mir: Was könnte der größte und geschickteste Dombaumeister anfangen, wenn ihm Steine und Sand für seine Arbeit fehlten? Also will ich gerne und willig meinen Platz einnehmen und gewiss sein, dass ich Gott, dem Allerhöchsten, diene, auch wenn es mir manchmal schwer fällt. Früher lief ich in einer weißen, gestärkten Schürze durchs Haus und hatte eine Schar junger Mädchen anzuleiten. Jetzt aber war auch der sauberste Kittel gleich fleckig, wenn ich die Schweineboxen ausmistete. Außerdem roch ich nicht gerade nach Parfüm, und manche meiner Mitschwestern rückte von mir ein wenig ab, wenn sie neben mir saß. Der Schweinegeruch blieb einfach an mir haften; denn ich konnte mir ja nicht jeden Tag die Haare waschen. Auch meine Hände sahen ungepflegt aus und waren rau und rissig, und unter meinen Fingernägeln zeigten sich schwarze Ränder. Trotz weißer Schwesternhaube hatte ich richtige Bauernhände. Jeden Tag habe ich vier Zentner Kartoffeln gewaschen und zu Schweinefutter gekocht, und doch waren meine Tiere immer hungrig.

Die Arbeit im Stall war noch dadurch erschwert, dass das Holz knapp war. Mir stand nur Braunkohle von minderer Qualität zur Verfügung. Da hatte ich also mein Tun, bis ich einen Dämpfer Kartoffeln gar gekocht hatte. Außerdem waren die Ofenrohre nicht in Ordnung. Sie hätten durch neue ersetzt werden müssen. Aber wer kann schon in Zeiten des Krieges Ofenrohre beschaffen? Oft warf ich mich auf meine Knie und habe unter Tränen gebetet, dass Gott mir bei meiner Arbeit helfen möchte. Und er hat es getan. In anfechtungsreichen Stunden gab mir folgendes Lied wieder Mut:

Da, wo du stehst, da stehst du recht,
scheint auch der Platz gering und schlecht.
Tust du nur freudig deine Pflicht
voll froher Glaubenszuversicht,
dann lässt der Herr auf deinem Tun
den Segen seiner Gnade ruhn.
Klag nicht, dass niemand dich versteht,
und dass dein Weg so einsam geht,
und dass dir nie ein Werk gelingt,
das deinem Nächsten Rettung bringt.
Halt nur der Hand des Vaters still
und wolle stets das, was er will,

und öffne deine Seele weit
dem Sonnenlicht der Ewigkeit.

Zu meinen Aufgaben gehörte es auch, die Zuchtsauen zu betreuen. Mit wie viel Angst war diese Arbeit verbunden. Ich hatte kaum die Verantwortung im Schweinestall übernommen, da musste eine Sau Junge werfen. Schon nach zwei Tagen gingen zwei Ferkel ein. Einmal wurde ich mitten in der Nacht wach. Es war so gegen zwei Uhr, und mir wurde klar, dass Gott mir folgenden Hinweis gab: „Lydia, geh und schau nach dem Muttertier." Aber ich war so müde und wollte gerne weiterschlafen. Um vier Uhr musste ich sowieso aufstehen. Aber Gott mahnte mich, und schließlich quälte ich mich aus den weichen Federn. In weiser Vorahnung nahm ich gleich eine Handvoll Salz und Schweineschmalz mit. In der Küche erhitzte ich etwas Wasser handwarm und löste das Salz darin auf. Mit dieser Mixtur wollte ich das Gesäuge mit Umschlägen behandeln, nachdem ich die Zitzen mit Schmalz eingerieben hatte. Sie hatten sich nämlich entzündet. Als ich den Stall betrat, quietschten die neugeborenen Ferkel. Sie hatten Hunger. Weil die Sau so unglücklich auf dem Stroh lag, konnten ihre Kleinen nicht saugen. Wenn sich die Ferkel nur ein wenig dem Muttertier nahten, stieß das Muttertier sie mit der Schnauze weg. Ich schaffte die Ferkel aus der Box, trug sie in eine größere Kiste und deckte sie zu, damit sie sich nicht erkälten sollten. Dann kümmerte ich mich um das Muttertier. Das entzündete Gesäuge war hart wie ein Brett. Eine ganze Stunde massierte ich das Tier. Auch die warmen Umschläge taten der Sau gut. Auf einmal lockte sie ihre Jungen. Ich brachte sie zu ihr, und schon lagen sie im Stroh ganz dicht bei dem Muttertier und tranken. Das laute Gequietsche hörte auf, und dem Muttertier ging es besser.

Eigentlich hatte ich immer sehr kräftige und gesunde Ferkel. Die Muttertiere habe ich auch immer mit Extrarationen bedacht. Aber bei zwei Sauen musste ich erleben, dass sie zwei sehr schwache Ferkel geworfen hatten. Ich ließ sie töten, weil ich den Eindruck hatte, sie würden nicht überleben. Aber bald kam mir zum Bewusstsein, dass ich nicht recht gehandelt hatte. Gott sagte mir: „Was ich ins Leben rufe, das will ich auch erhalten." So tat mir mein Tun Leid. Einmal war es wieder so weit. Neue Ferkel sollten geboren werden. Es waren zehn kräftige Junge, aber sie konnten nicht am Leben bleiben, weil sie im Hinterteil keine Knochen besaßen. Sie hätten nie stehen oder laufen können. Als ich dies erkannte, war mir zumute, als würde Gott mich dafür strafen wollen, dass ich zwei schwache Tiere hatte töten lassen. Ich konnte Gott nur um Vergebung anflehen.

Eines Morgens kam ich in den Stall, und eine Sau war am Ferkeln. Ein Junges nach dem andern lag im Stroh. Zehn bis zwölf Ferkel kann eine Sau ernähren, dieses Tier aber hatte zweiundzwanzig Ferkel geworfen, von denen achtzehn am Leben blieben. Ich geriet in Konflikte. Was sollte ich bloß tun? Töten wollte ich keine, aber ohne Muttermilch waren sie dem Tod preisgegeben. Ich bat Gott um Weisheit, und er ließ mich nicht im Stich. Ich teilte den Wurf und brachte je neun in eine Bucht. Das Muttertier trieb ich nun alle zwei Stunden von einer Box in die andere. Alle Ferkel konnten so am Leben bleiben. Das war mir ein rechtes Wunder, und ich dankte meinem Herrn für die gute Eingebung.

Eine sehr hilfreiche Einrichtung war es für mich, dass ich auf unserem Gut Heiligenstock den Evangeliumsrundfunk hören konnte. Ich besaß aber kein eigenes Radio. Da lieh mir ein junges Mädchen für die Nachtwache ihr Gerät. Ich hörte, wie nötig der Evangeliumsrundfunk Geld brauchte, um diese Sendungen zu finanzieren. Geld stand mir aber nicht zur Verfügung, da ich ja als Diakonisse nur ein geringes Taschengeld erhielt. Ich habe schon immer gerne gebastelt und Handarbeiten fertig gestellt. Damit versorgte ich zu Weihnachten meine Angehörigen. Ich überlegte, ob ich nicht für den Rundfunk Körbchen basteln sollte, die dann verkauft werden könnten. Aber mir fehlte es an Bast.

Eines Tages fragte mich eine Mitschwester: „Lydia, du stellst doch immer so schöne Sachen aus Bast her. Ich habe von einer Dame ein großes Paket Bast erhalten. Darf ich es dir geben?" Ich war glücklich und fertigte nun während meiner Nachtwachen wunderschöne Körbchen an.

Damals war Deutschland in zwei Staaten geteilt. Wir lebten ja in der DDR. Deshalb überlegte ich, wie ich meine neuen Arbeiten über die Grenze nach Westdeutschland bringen könnte; denn der Sitz des Evangeliumsrundfunks war in Wetzlar in Hessen. Eines Tages bekamen wir im Mutterhaus Besuch aus dem Westen. Ein Achtzehnjähriger hatte in einem großen Koffer für uns Schwestern herrliche Geschenke mitgebracht: Kaffee, Duschgel, Strümpfe und noch vieles mehr. Ich bat den jungen Mann, ob er bereit sei, meine Körbchen bis Wetzlar mitzunehmen. Gern kam der Besucher meiner Bitte nach und packte seinen Koffer voll. An der Grenze wurde er von einem Volkspolizisten kontrolliert. Er brauchte aber nur seine große Tasche zu öffnen, in der sich seine persönlichen Sachen befanden. So konnte meine Gabe unbeschadet zum Evangeliumsrundfunk gelangen und wurde auf dem Weihnachtsbasar verkauft. Wie sehr habe ich mich gefreut, dass Gott mich würdigte, einen kleinen Beitrag für das große Werk der Radiomission zu leisten.

In manchen Jahren waren die Ernteerträge sehr gering. Vor allem mangelte es an Kartoffeln. Ich zog über die Felder und rupfte Brennnesseln für das Futter. Aber davon kann man Schweine nicht ernähren. Ich brauchte dringend Kartoffeln für meine Tiere. So betete ich: „Herr, du weißt, wo ich noch ein paar Kartoffeln bekommen könnte. Wenigstens für die Muttertiere brauche ich sie. Lass mich bitte nicht im Stich." Kurz darauf erreichte mich ein Anruf aus dem Altenheim in Königshütte. Ich möchte doch bitte die letzten Kartoffeln aus dem Keller holen lassen, da der Platz hergerichtet werden sollte; denn die neue Ernte sollte bald eingebracht werden. Es waren etwa dreißig Zentner. Kurz nach dem Anruf ging ich auf die Knie und dankte Gott inniglich. Er hatte mein Gebet auf wunderbare Weise erhört und mir aus meiner Armseligkeit herausgeholfen. Diese Fuhre Kartoffeln reichte genau so lange, bis die neue Ernte gelesen wurde. Welch großen, allmächtigen Gott haben wir doch!

In meinem Dienstauftrag trat eine Veränderung ein. Ich wurde auf die Geflügelfarm versetzt und sollte mich um den Garten kümmern. Ach, wie schwer ist mir der Abschied von meinen Schweinen gefallen. Obwohl ich mich zunächst so sehr gegen diese Aufgabe gewehrt hatte, war sie mir doch im Laufe der Jahre ans Herz gewachsen. Aber zu DDR-Zeiten wurde unser Land enteignet, und das machte es uns unmöglich, weiter Schweinezucht zu betreiben. Im Nachhinein bin ich dankbar für diese Veränderung. Mich plagte ein heftiges Rheuma, und ich litt an Gelenkschmerzen. Ich hätte diese schwere Arbeit im Stall gar nicht länger tun können; denn ich wurde zu 75 % als arbeitsunfähig eingestuft. Die Aufgabe beim Federvieh war viel leichter für mich. Wir besaßen etwa 200 Hühner und viele Enten, Gänse, Puten, Perlhühner und Zwerghühner. Außerdem bewirtschafteten wir zwei Gärten, die etwa zwei Morgen groß waren. Die Planung für die Fruchtfolge musste ich im Kopf behalten, denn das Schreiben fiel mir noch immer schwer. Wer einen Garten pflegt, weiß, wie wichtig das Düngen und Bewässern ist, wann gesät und wann geerntet wird. Schon der Prediger Salomo sagt:

„Ein jegliches hat seine Zeit, und alles Vorhaben unter dem Himmel hat seine Stunde. Geboren werden hat seine Zeit, Sterben hat seine Zeit; Pflanzen hat seine Zeit, Ausreißen, was gepflanzt ist, hat seine Zeit" (Kapitel 3,1-2).

Im Gartenbau muss man vieles beachten. Es gibt verschiedene Pflanzen, die man in Reihen zusammen auf ein Beet säen sollte, z. B. Möhren und Zwiebeln. Dadurch werden die Möhrenfliegen vertrieben, und man kann gute, nicht zerfressene Früchte ernten. Mir war es auch wichtig, dass ich nur so viel Samen aussäte, wie ich Pflänzlinge brauchte. Einmal war der Rosenkohlsamen besonders gut aufgegangen. Ich überlegte schon, ob ich nicht einige Pflänzchen wegwerfen sollte. Dann aber erinnerte ich mich an meine Regel und pflanzte überall, wo ich noch ein leeres Plätzchen fand, meinen Rosenkohl. Eine andere Diakonisse, die mit mir im Garten arbeitete, machte sich über mich lustig. „Lydia, wirf doch die überflüssigen Pflänzlein weg. Was soll das Mutterhaus mit so viel Rosenkohl im Winter?" Ich aber hörte nicht auf sie. Durch irgendein Missgeschick ging der Rosenkohl, den die Schwester gepflanzt hatte, ein. Ich vermute, dass sie zu viel gedüngt hatte. Da waren wir beide froh, dass ich über das sonstige Maß hinaus so viel Rosenkohl angebaut hatte.

Die Hühnerfarm und der Garten waren meine letzte Arbeitsstelle. Ich half aber auch sonst noch überall mit, wo ich gebraucht wurde. So heizte ich das Mutterhaus, und das war besonders bei strengen Wintern eine harte Arbeit. Ich schaufelte Kohlen zentnerweise in den Keller, hackte Holz, hielt den Speicher in Ordnung und schrotete das Getreide. Oft wurde ich auch eingesetzt, die Fenster zu streichen und die Ställe zu weißen. Selbst das Mauern habe ich noch gelernt. Arbeit gab es überall. Schritt um Schritt bewältigte ich manch schwere Arbeitslast.

42 Jahre habe ich in der Landwirtschaft gearbeitet, und dann kam der Feierabend. Vieles habe ich in dieser Zeit erlebt, und manch ein Sturm tobte über mich hinweg; aber immer wusste ich mich in den treuen Händen meines Gottes. Als Schülerin habe ich einmal den Spruch gelernt: „Schau auf zum Stern nach Bethlehem, wenn dein Auge zum Himmel blickt, und trage alles."

Am 21. Januar 1981 zog ich in mein Zimmer im Mutterhaus ein, und mein Feierabend begann. Wie froh war ich über meine neue Bleibe, die ich mir gemütlich einrichtete. Und doch fiel es mir nicht leicht, alles zurückzulassen, was mich in all den Jahren so sehr beansprucht hatte. Ein mir fremder Lebensabschnitt lag vor mir, und ich wusste nicht recht, was auf mich zukommen würde. Mein Herz wurde plötzlich von Wehmut überfallen, und Traurigkeit wollte mich gefangen nehmen. Da hörte ich im Evangeliumsrundfunk eine Andacht über das Gotteswort: „Des Menschen Sohn hatte nicht, wo er sein Haupt hinlegte." Für mich hätte es keine treffendere Botschaft in dieser Situation geben können.

Ich blickte auf zu Jesus, der so viel hinter sich gelassen hat, um auf dieser Welt seinen Heilsplan durchzuführen. Arm war er geworden, unbehaust, oft allein und sogar von seinen Jüngern verlassen – und ich trauerte meinem Gemüsegarten, meinen Hühnern, Gänsen und meinen Zuchtsauen nach? Ich wollte von Jesus lernen, vorwärts zu schauen, was er mir nun bereiten würde, und wollte ein dankbarer Mensch werden. Ich darf mein Leben nicht festmachen an dem, was ich leiste, sondern vielmehr an dem, was ich bin: Gottes geliebtes Kind, das sich nun in besonderem Maße auf die ewige Gemeinschaft mit Jesus zurüsten lassen darf. Es ist noch eine Ruhe dem Volke Gottes vorhanden, und darüber wollte ich mich freuen lernen. Letztlich bin ich für den Himmel geboren. In der neuen wunderbaren Gottesstadt soll meine Heimat sein. Begleitet wurde ich von der Losung: „Gott hat seinen Engeln befohlen, dass sie dich behüten auf allen deinen Wegen, dass sie dich auf den Händen tragen und du deinen Fuß nicht an einen Stein stoßest“ (Psalm 91,11-12).

In unserem Mutterhaus ist es eine gute Sitte, dass wir Schwestern uns am Silvesterabend einen Spruch ziehen. Für mich war dann dieses Gotteswort die rechte Wegbegleitung für das neue Jahr. Buchstäblich habe ich diese Wahrheit erfahren, als ich beim Besuch in der Augenklinik eine Stufe übersah und zwölf Stufen hinunterstürzte. Zwölfmal schlug mein Kopf auf, und jedes Mal hörte ich ein Bum, Bum, Bum. Aber als ich mich nach dem Sturz wieder erhob, war mir gar nichts passiert. Ein Arzt hatte meinen Fall gesehen und kam ganz erschrocken auf mich zu. Er untersuchte mich und war total überrascht, dass alle Knochen heil geblieben waren. Der Herr hatte mir wirklich einen Engel geschickt, der mich aufgefangen hatte.

Ich empfinde das Älterwerden als eine besondere Herausforderung. Feige Menschen können die Anfechtungen des Alters nicht durchstehen. So bin ich überaus dankbar, dass

Jesus alle Tage bei mir ist und mir hilft, im Vertrauen auf ihn dem göttlichen Ziel entgegenzugehen. Wenn körperliche Schwächen und Krankheiten mir zu schaffen machen, sage ich mir immer: „Das Schönste kommt noch." Mit Versen von Clemens Brentano möchte ich meinen Lebensbericht beschließen:

„Ich möchte gern was schreiben,
das ewig möge bleiben.
Ich möchte gern was lieben,
das ewig ist geblieben.
Ich möchte gern mein Leben
zu Ewigem erheben.
Drum schreib ich einen Namen,
der Jesus heißt. Sprich: Amen!"

P.S.: Kurze Zeit später, nachdem ich diesen Bericht verfasst hatte, hat Gott das Tor zur Herrlichkeit weit aufgestoßen und Schwester Lydia in seine neue Welt aufgenommen.

Im Leid erprobt

Eine Mutter erzählt:

Ich bin in einem kleinen Dörfchen geboren. Meine Eltern waren Kleinbauern und bewirtschafteten ein Anwesen. Ein paar Pferde, Kühe, Schweine und natürlich viel Federvieh wie Gänse, Enten, Hühner und Puten waren unser ganzer Stolz. Ich war das älteste Kind in der Familie, und schon mit acht Jahren wurden mir die Kühe anvertraut. Koppeln oder elektrische Weidezäune besaßen wir nicht. So musste ich meine Rindviecher auf die Weide treiben und gut auf sie aufpassen, dass sie mir nicht fortliefen. Einmal sind sie mir durchgebrannt. Es gelang mir nicht, sie schnell wieder zurückzutreiben. So landeten sie im Roggenfeld des reichsten Bauern. Mir zitterte mein Herz, als ich das Unheil sah. Die reifen Ähren waren an einigen Stellen total niedergetrampelt. Ich musste alle Kraft aufwenden, um die Kühe wieder auf die Wiese zurückzutreiben. Zum Glück hatte der Bauer Verständnis für mein Dilemma und verzieh mir das Missgeschick. Der Schaden war auch nicht allzu groß. Mein Vater aber war über mich sehr verärgert. Ich hätte doch besser aufpassen müssen. „Liebchen, Liebchen“, schimpfe er mich aus, „da hast du sicher wieder deinen Gedanken freien Lauf gelassen. Deine Pflicht hast du total vergessen. Was soll bloß aus dir werden? Kind, Kind, reiß dich zusammen. So ein Malheur darf dir nicht noch einmal passieren.“ Zur Strafe durfte ich eine Woche lang meine Freundin nicht besuchen und musste in meiner Freizeit meiner Mutter im Garten beim Beerenpflücken helfen. Abends lag ich dann ganz traurig und niedergeschlagen in meinem Bett, denn Christine fehlte mir sehr. Sie durfte nämlich auch nicht zu mir herüberkommen. Warum können Eltern nur so hart sein?

Ich war immer ein recht schwaches Kind, und bis zu meinem fünften Lebensjahr von mancherlei Krankheiten geplagt. Ständig litt ich unter einem rätselhaften Drüsenfieber. Kein Arzt konnte mir helfen. Ein Apotheker riet meiner Mutter, sie solle mir Lebertran geben. Diese scheußlich schmeckende Medizin, gelblich gefärbt wie Urin, kam dickflüssig aus der Flasche. Schon beim Anblick wurde mir ganz übel. Aber ich musste morgens und abends einen Löffel voll hinunterschlucken. Damals war Lebertran noch nicht mit wohlschmeckenden Obstsäften angereichert, sondern musste in reiner Form getrunken werden. Aber er zeigte bei mir heilende Wirkung. Seit ich in der Schule war, blieb ich kerngesund.

Ich hatte liebevolle, warmherzige Eltern, wenn sie mich auch streng erzogen. Ein Ja blieb ein Ja, und ein Nein ein Nein. Konsequent sollte ich zu einem lebenstüchtigen Menschen heranwachsen. Bis heute beeindruckt mich ihr gutes Vorbild, mit dem sie mich lenkten und führten. Meine Eltern waren einfache, aber fromme Menschen. Jedes ihrer sechs Kinder sahen sie als eine Gottesgabe an. Sie trugen uns auf ihren betenden Herzen, und schon der Eintritt unseres Lebens in diese Welt stand unter dem erflehten Segen Gottes. Meine Mutter hat mir später erzählt, wie Vater eine Stunde lang an ihrem Bett zugebracht hatte, bis endlich die Hebamme aus dem Nachbarort kam. Er hielt ihre Hand in der seinen und bat Gott um den glücklichen Ausgang der Geburt. Meinen Namen Elisabeth haben sie mit Bedacht ausgesucht und haben dabei an die Mutter von Johannes dem Täufer gedacht. Mit meinem Namen haben sie für mich ein Zeichen gesetzt. So sollte ich werden: fromm, die Gebote achten und untadelig mein Leben führen.

Meist aber wurde ich mit meinem Kosenamen „Lieschen“ genannt. Wenn mein Vater mir etwas besonders Liebes sagen wollte, kam es ihm über die Lippen: „Mein Lieschen, mein allerbester Schatz!“ Wenn auch meine Eltern durch die anstrengende Arbeit in der Landwirtschaft wenig Zeit hatten, so wussten wir uns bei ihnen doch gut aufgehoben und geborgen. In wichtigen Angelegenheiten hatten sie immer ein aufmerksames Auge und ein hörendes Ohr für uns.

In unserer Kirchengemeinde waren meine Eltern tragende Stützen. Sie hatten früh zu Jesus gefunden und ihr Leben bewusst in seine Hände gelegt. Sie liebten die Bibel und lehrten uns auch das Beten. Vor allen Dingen wurde in unserem Haus viel gesungen. Am Morgen, am Mittag und am Abend erklang immer ein Choral zu Tisch. Mein Lieblingslied war:

Ein reines Herz, Herr, schaff in mir,
schließ zu der Sünden Tor und Tür,
vertreibe sie und lass nicht zu,
dass sie in meinem Herzen ruh!

Bis heute singe ich es mit großer Freude, und die Bitte um ein reines Herz bindet mich fest an Christus. Wer sich selbst nur ein ganz klein wenig kennt, weiß, wie gefährdet er ist. Es ist allein Gottes wunderbares Erbarmen, das uns in Versuchungen und Anfechtungen bewahrt. Gerne gingen wir Kinder in die Sonntagsschule und später in den Konfirmandenunterricht. Nachdem wir eingesegnet waren, besuchten wir die Christenlehre. So wurde meine Jugend vom Wort der Bibel begleitet. Sie gab mir einen festen Halt in meinem Glaubensleben und viel Freude. Viele Stellen in ihr habe ich rot unterstrichen. Sie sind mir Wegweiser bis heute. Manchmal steht auch ein Datum am Rand und erinnert mich lebhaft an Ereignisse und Gespräche mit meinem Pfarrer, die mir wichtig geworden waren. Diese bewahrte Atmosphäre wird mir besonders dann bewusst, wenn ich auf die Entwicklung meiner Freundin schaue.

Mit Christine habe ich viel freie Zeit verbracht. Sie wohnte in der Nachbarschaft. Über ihrem Dasein stand kein leuchtender Stern am Himmel. Als Kleinkind verbrachte sie mehrere Jahre in einem Kinderheim. Ihr Durst nach Lebensglück war nicht zu stillen. Sie vermittelte immer den Eindruck, zu kurz gekommen zu sein, was sicher in einigen Punkten auch zutraf. Solch eine behütete Atmosphäre, wie wir sie in der Kindheit erlebten, hatte sie nicht erfahren. Bis zur Neige wollte sie die Lust des Lebens auskosten. Sie glich der Frau am Jakobsbrunnen, von der die Bibel erzählt. Notvoll und bedrängend waren ihre Beziehungen zu jungen Männern. Mit 25 Jahren hatte sie schon drei uneheliche Kinder geboren. Ich habe oft versucht, sie auf die rechte Spur zu bringen; aber als ich merkte, dass mir dies nicht gelang, gingen unsere Wege auseinander. Durch Christine kam viel Verwirrung in unsere Familie. Das dritte Kind wollte sie meinem Bruder unterjubeln, der für kurze Zeit eine Verbindung zu ihr gehabt hatte. Aber das gelang ihr nicht. Fortan wollte er nichts mehr mit ihr zu tun haben und brach alle Brücken zu ihr ab. Darüber war Christine sehr verzweifelt.

Die Schwangerschaften waren mit ernsthaften Problemen verbunden, und ihr Seelengefüge geriet darüber ins Wanken. Sie fühlte sich von den Dorfbewohnern verachtet, von meinem Bruder verlassen und wusste nicht, wie sie das Leben mit den drei kleinen Kindern bewältigen sollte. Ihre Verzweiflung muss grenzenlos gewesen sein, so dass sie zu einer Wahnsinnstat getrieben wurde. Sie brachte ein gesundes, schönes Töchterchen zur Welt, aber noch in der gleichen Nacht erstickte sie das Baby und begrub es im Garten. Danach bekam sie starke Blutungen, und Nachbarn verständigten den Hausarzt. Dieser erkannte sofort, dass die Entbindung schon stattgefunden hatte, und alarmierte die Polizei. Durch unser kleines, friedliches Dorf ging eine Welle der Empörung. Solch eine schändliche Tat hatte es hier bisher noch nicht gegeben. Für diesen Kindesmord musste Christin für eineinhalb Jahre ins Gefängnis gehen. Später ist sie aus unserm Dorf fortgezogen. Nach der Heirat mit einem taubstummen Mann verließ sie unsere Gegend. Es wäre für sie schwer geworden, hier eine Chance zum Weiterleben zu finden, wo doch die meisten Bewohner sie verachteten.

Ich würde diese tragische Geschichte am liebsten nicht erwähnen, aber sie gehört in mein Leben hinein. Als junge Mädchen waren wir gute Freunde gewesen, und an Christine denke ich noch heute. Sie hat mit mir gelacht und geweint, geklagt und gespielt. Sie ging mit mir in die Sonntagsschule und hat von Jesus, dem Kinderfreund, gehört. Aber dann war der Drang nach Lust und Freiheit zu übermächtig in ihrer Seele. Sie fing an zu rauchen und trieb sich mit jungen Männern nachts in den Kneipen herum. Dieser lockere Lebenswandel stürzte sie ins Verderben. Teuer hat sie ihre Zuchtlosigkeit bezahlen müssen. Vielleicht hatte sie auch von ihren Eltern ein schweres Erbe mitbekommen; denn später wurde auch ihr Sohn kriminell und saß im Gefängnis ein. Ich aber trug Leid um sie. Sie war ein so schöner, junger Mensch, begabt und überaus lebenslustig. Dass sie im Gefängnis gelandet war, hat mich sehr traurig gemacht.

Als ich später heiratete und sie davon erfuhr, schrieb sie mir einen bitterbösen Brief. Sie konnte es nicht verkraften, dass ich unbescholten geblieben war und einen netten, jungen Mann als Partner gefunden hatte. Immer noch warf sie meinem Bruder vor, er habe sie geschwängert. Doch das war nicht der Fall. Nur einen Abend und eine Nacht hatte er mit Christine verbracht. Er konnte ihr durch drei Zeugen nachweisen, dass dies schon 13 Monate vor der Geburt des Babys gewesen war.

Meinen Mann kannte ich schon als Kind. Er wohnte auf dem Nachbarhof. Als ich 16 Jahre alt war, ahnte ich, dass dies der Mann an meiner Seite und der Vater meiner Kinder sein würde. Für mich hing der Himmel voller Geigen, als ich sein Interesse für mich wahrnahm. Auch seine Eltern liebten mich und waren überaus freundlich zu mir. Mehrere Monate war Georg mein Freund gewesen. Aber von Verlobung und Heirat war nie die Rede. Später kühlte dann unsere Beziehung ab. Den Grund, warum er sich von mir zurückzog, kannte ich nicht. Georg war mit 17 Jahren zuckerkrank geworden und hatte erleben müssen, wie sein Onkel, der auch Diabetes hatte, schon mit 42 Jahren sterben musste. Da hat Georg mir die Freundschaft aufgekündigt, weil er es nicht verantworten wollte, später eine junge Witwe womöglich mit Kindern zurückzulassen. Ich ertrug den Schmerz des Verlassenseins, aber der Liebeskummer plagte mich über mehrere Wochen. Georg war ein sehr schöner Mensch von stattlichem Aussehen, zudem noch vielseitig interessiert und begabt. Manchmal, wenn schwere Fahrten anstanden, haben wir unsere Pferde zusammen an die Deichsel gespannt und uns gegenseitig ausgeholfen. Unser Dorf lag in einem engen Tal. Nach drei Seiten hin mussten wir den Berg hinauf zu unseren Feldern fahren. Besonders beim Mist- und Jauchefahren waren wir aufeinander angewiesen, ebenso wenn wir das Saatgetreide oder die Kartoffeln zum Setzen aufs Land brachten.

Nachdem mein Bruder das 16. Lebensjahr erreicht hatte, durfte ich in der Stadt für eineinhalb Jahre zur Arbeit gehen. Bei einer gutsituierten Familie wollte ich die Hauswirtschaft erlernen, was für eine Jungbäuerin ganz wichtig war. Aber danach habe ich wieder meinen Eltern in der Landwirtschaft geholfen. Mein Wirkungsbereich war meistens der Stall. Ferkelte ein Muttertier, dann habe ich im Schweinestall Wache gehalten. Manchmal sollte mir auch mein Bruder beistehen. Aber er war oft so müde, dass er sich einen Bund Stroh in die Box warf und dann darauf einschlief. Mir war das ganz recht. Die Hauptsache war für mich, dass ich nicht allein die Verantwortung tragen musste. Jederzeit hätte ich ihn wecken können. Meine Mutter und meine jüngere Schwester hatten Angst, wenn die Ferkel geboren wurden, dass sie vom Muttertier erdrückt würden. Ich aber passte gut auf meine Ferkelchen auf. Dafür übernahm dann meine Mutter das Füttern der Schweine.

Die Sehnsucht nach Georg steigerte sich bei mir bis ins Unerträgliche. Fuhr er aus seinem Hof heraus, dann habe ich ihm noch lange aus dem Küchenfenster nachgeschaut. Auf seinen Kopf hatte er sich ein schmuckes Tirolerhütchen gesetzt. Das fand ich recht lustig, und Georg gefiel mir darin.

Unsere Nachbarn beschäftigten auf ihrem Hof ein Dienstmädchen. Sie hieß Ruth, und ich verstand mich gut mit ihr. Ihr hatte ich auch anvertraut, wie verliebt ich in Georg sei. Sie hatte daraufhin nichts Eiligeres zu tun, als dies ihrem Chef mitzuteilen. Bei Georg vollzog sich nun eine Wandlung. Plötzlich fing er bei der Arbeit an zu pfeifen und am Abend holte er seine Geige aus dem Schrank. Sogar seiner Mutter fiel auf, wie fröhlich ihr Sohn plötzlich war. Natürlich hatte Ruth ihr erzählt, dass ich noch immer ihren Sohn liebte. Eines Tages teilte mir das Dienstmädchen mit, ich sollte doch am Sonntagnachmittag an die Feuerhecke kommen. Dort stießen unsere Wiesen zusammen. Georg wollte auch seine Rindviecher weiden. Ich ging auf diesen Vorschlag ein, und so nutzten wir die Gelegenheit, uns auszusprechen. Sein Heiratsantrag überraschte mich allerdings. Diesen Tag werde ich wohl immer im Gedächtnis behalten. Es war der letzte Sonntag im September. Mein Freund drückte mir noch ein Buch in die Hand, damit ich mich über seine Zuckerkrankheit informieren könnte. Ich händigte es ihm wieder aus und betonte, ich wüsste schon, was das für mich bedeutete. Darüber war er erfreut. Auch seine Eltern erklärten sich mit der Heirat einverstanden. Sie hatten mich schon immer gemocht.

Am 19. Oktober besuchte mich Georg noch spät am Abend nach dem Füttern. Er brachte mir einen wunderschönen Holzteller mit, den er aus Kirschbaumholz geschnitzt hatte. Obst aus dem eigenen Garten lag darauf, und vor allem herrliche Weintrauben. Ich aß sie ja so gerne.

Nachdem die Felder für den Herbst bestellt waren, schaute Georg jeden Abend bei mir herein. Er brachte seine Geige mit. Sein Freund, der eine Liebschaft mit meiner Schwester begonnen hatte, trug sein Akkordeon auf der Brust. So haben wir gemeinsam jeden Abend musiziert. Wir Mädchen strickten dabei Pullover, Strümpfe und Unterröcke. Weihnachen feierten wir die Doppelverlobung. Die Wochen, die folgten, waren für uns vier eine schöne Zeit. Ende Februar sollte dann meine Hochzeit sein. Das wünschten meine zukünftigen Schwiegereltern. Es war nämlich die günstigste Gelegenheit, bevor die Frühjahrsbestellung in Gang kam. Herzlich wurde ich in der Familie meines Verlobten aufgenommen, und ich sagte sofort Vater und Mutter zu ihnen. Meine Eltern nannte ich Papa und Mama.

Die Hochzeit hätte nicht schöner sein können, und ich schwebte auf Wolke sieben. Ich versuchte auch, meine ganze Kraft auf unserem Hof einzusetzen, wurde aber nicht wie eine Stallmagd behandelt. Nur beim Melken half ich mit. Natürlich fuhr ich auch mit aufs Feld. Wenn ich mit meinem Georg zusammen sein konnte, war ich der glücklichste Mensch. Ende März half ich meiner Schwiegermutter, auf der Wiese die Maulwurfshügel einzuebnen. Bei dieser Gelegenheit teilte ich ihr mit, dass ich schon schwanger sei und sie Oma würde. Welch eine Freude löste diese Nachricht bei ihr aus. Nun würde bald der Hoferbe geboren werden. Mir ging es während der Schwangerschaft außerordentlich gut. Nicht einmal musste ich erbrechen. In der Zeit der frohen Erwartung unseres Kindes lebte meine Schwiegermutter förmlich auf. Sie war kaum wiederzuerkennen, denn sie hatte vorher unter Depressionen gelitten.

Wenn sie ihre „schlimmen Touren" hatte, wie ich es nannte, reagierte sie zuweilen recht aggressiv und war total verändert. Ich habe mir dies kaum erklären können und fragte mich im Stillen: Welche Macht hat jetzt von ihr Besitz ergriffen? Besonders unser fünftes Ehejahr war von viel Angst und Aufregung begleitet. Mutter wurde sogar gewalttätig und schrie manchmal so laut, dass die Leute auf der Straße stehen blieben. Als sie mich einmal angreifen wollte, ist mein Mann zwischen uns getreten und hat sie angeschrien: „Meine Familie machst du mir nicht kaputt!"

Zum ersten Mal habe ich meinen Mann so wutentbrannt und unbeherrscht erlebt. Ich wehrte ihm, denn der Gedanke, dass ein Sohn seine Faust gegen seine Mutter erhebt, war mir unerträglich. Dieser Wesenszug bereitete mir entsetzliche Angst. War das noch mein lieber Georg? Denn noch nie war er in meiner Gegenwart so böse und ausfällig geworden. In der folgenden Nacht konnte ich lange keinen Schlaf finden.

Bei meiner Schwiegermutter nahm die Schwermut ständig zu. Sie litt auch unter Verfolgungswahn und hatte immer Angst, ihr würden Sachen gestohlen, sie hätte nichts mehr anzuziehen und müsste hungern. Dabei besaßen wir alles im Überfluss. Unsere Schränke waren bis obenhin voll, und wir waren keine armen Bauern. Als sie wieder einmal so bitterlich jammerte, sie habe kein Hemd mehr auf dem Leib, führte ich sie ins obere Stockwerk in unser Fremdenzimmer. Dort standen unser großer Wäscheschrank und mehrere Kommoden mit lauter neuen Hemden für meinen Mann und Schwiegervater. Außerdem lagen noch mehrere Ballen Stoff darin und meine Aussteuer. Als sie die Menge der Wäsche sah, ließ sie sich beruhigen, und ihr Jammern hörte mit diesem Tag auf.

Da ich das Nähen gut gelernt hatte, schneiderte ich Hemden, Unterwäsche und alle Sachen für unsere Familie. Einmal nahm mich meine Schwiegermutter in ihre Arme und meinte: „Vater ist so stolz auf dich. Was du nur alles kannst! Eine bessere Schwiegertochter hätten wir uns gar nicht wünschen können." Für mich war es selbstverständlich, dass ich alle meine Arbeiten exakt und ordentlich verrichtete. Das Lob hat mir gefallen.

Aber nun will ich vom Wichtigsten in meinem Leben berichten. Am 3. Dezember 1949 erblickte unsere kleine Gisela das Licht der Welt. Klein war sie nicht. Mit ihren acht Pfund Gewicht und einer Länge von 58 Zentimetern war sie ein kräftiges Kind. Die Freude war groß. Sie war ja auch ein Prachtmädel. Meine Schwiegermutter meinte: „Ein solch schönes Baby mit rotbackigen Wangen habe ich noch nie gesehen.“ Ich fühlte mich wie eine Königin, als ich dieses Wunder in meinen Armen hielt. Ja, ich war auch der Meinung, sie sei der kräftigste und schönste Säugling auf der ganzen Welt. Heute weiß ich, dass fast jede Mutter in dieser Weise über ihr erstes Kind denkt.

Schon ab dem zehnten Tag lächelte mich die Kleine an, und mein Mann war sehr stolz auf seine Gisela. Ich weiß gar nicht, wie viele Fotos er geschossen hat, das erste schon bald nach der Geburt. Die Bilder hat er auch alle selber entwickelt. Und was Georg anfasste, das gelang ihm auch.

Wenn ihm nur nicht sein Diabetes so zu schaffen gemacht hätte. Es hat ihn geschmerzt, dass er jeden Monat 40 DM für Insulin ausgeben musste. Das war damals viel Geld. Mehrmals erlitt er auch einen Zuckerschock und fiel dann ins Koma. Dabei veränderten sich seine Gesichtszüge zum Bösen, so dass ich ihn manchmal gar nicht wiedererkannte. Aber zu mir war er immer gut.

Gisela war mit ihren lieblichen blonden Locken ein wunderbares Kind. Wenn ich mit meiner Tochter durchs Dorf ging, sprachen mich die Vorübergehenden auf meinen Reichtum an und freuten sich mit mir über meinen kleinen Schatz. Vor allen Dingen mein Bruder verstand es ausgezeichnet, mit Gisela zu spielen und sie zu necken. Sie entwickelte sich zu einem aufmerksamen, hilfsbereiten jungen Mädchen und liebte vor allen Dingen die älteren Menschen. Manchmal brachte sie den Nachbarn einen Apfel, eine Blume oder eine Nuss. Sie hatte ein Herz für die Menschen, und als sie in die Schule kam, liebte sie vor allen Dingen ihre Lehrerin.

Aber die guten Zeiten hielten bei uns nicht an. Mit der Heuernte traf uns ein Schlag nach dem anderen. Meine Schwiegermutter musste ins Krankenhaus eingeliefert werden. Ihre offenen Beine wollten nicht mehr heilen. In diesem Jahr hatten wir ständig Regen und konnten das Heu nicht einfahren. Sechs Wochen waren wir damit beschäftigt, bis endlich die Heuernte unter Dach und Fach war. Dabei ereilte uns noch ein Unfall. Ein Heuwagen kippte auf einem unebenen Feldweg um. Die Pferde erschraken so sehr darüber, dass sie sich losrissen und mit einem Teil des vorderen Wagens dem Dorf zu jagten. Dabei verloren sie drei Hufeisen und zogen sich Wunden an den Hinterbeinen zu. Mein Mann konnte die Ackergäule einfach nicht mehr halten. Dieses Malheur ließ ihn so sehr in Wut geraten, dass mir später ein Bauer sagte: „Dein Georg hat wie der leibhaftige Teufel ausgesehen, wie er so den Pferden nachrannte." Mein Schwiegervater eilte ihm auf den Hof nach, ich aber blieb bei den Tagelöhnern und wendete weiter das Heu auf der Wiese. Georg hatte einen Landwirt mit einem Traktor zur Hilfe geholt. Er gabelte das Heu hoch, und ich stapelte es auf dem Wagen. Als ich Georg ins Gesicht schaute, erschrak ich sehr. Er sah furchterregend aus und sprach kein einziges Wort mit mir. Er sagte am Abend noch nicht einmal Gute Nacht.

Einmal wachte ich gegen Mitternacht auf. Da stand mein Mann am Kinderbettchen. Ich fragte ihn leise: „Findest du gar keinen Schlaf? Leg dich doch wieder hin." Er gab mir nur eine patzige, böse Antwort: „Was geht dich das an, ob ich schlafe oder nicht." Sein Ton war laut, hart und beleidigend. Noch nie hatte er mich so angeschrien. Ich wandte mich von ihm ab, zog mir die Bettdecke über den Kopf und war starr vor Entsetzen. Ich wollte weinen, aber mein Herz war wie von einem Eispanzer umgeben. Kein Auge habe ich fortan in dieser Nacht zugetan. Gegen vier Uhr sind wir dann aufgestanden, haben das Vieh gefüttert und die Kühe gemolken. Mein Schwiegervater begab sich sofort auf den Weg zur Wiese. Er wollte ringsum mit der Sense das Gras abmähen und so Platz für den Bauern schaffen, der dann mit dem Traktor weiter mähen sollte.

Nach der Arbeit im Stall ging ich zu meinem Mann in die Küche. Er brauchte immer etwas mehr Zeit zum Essen. „Lieschen, wie soll es denn nun mit uns weitergehen?", fragte er mich und sah mich mit seinen großen Augen ganz vernünftig an. Ich atmete tief durch und war froh, dass der böse Blick und die Wut von ihm gewichen waren. „Georg, mach dir doch nicht so viele Gedanken. Das Leben geht weiter. Du weißt doch, dass mein Bruder und auch meine Eltern uns immer geholfen haben, wenn wir sie nötig hatten." Ich verließ die Küche und ging hinunter zum Schweinestall um zu misten. Sonst brauchte ich diese Aufgabe nicht zu verrichten, aber wir steckten mit beiden Ohren tief in der Arbeit. Ich lief über die Straße zum Gebäude, das mein Schwiegervater dazugekauft hatte. Dort hatte er den Schweinestall, die Futterküche und einen Geräteschuppen eingerichtet. Darüber waren drei Zimmer ausgebaut, die mein Mann und sein Vater als Hobbyräume benutzten. In zwei Räumen war das Fotolabor eingerichtet. Alle Bilder entwickelte mein Mann selbst. Er war ein guter Fotograf und hatte Freude an seiner Arbeit. Im dritten Zimmer stand die Drehbank. Als ich noch in der Futterküche hantierte, hörte ich plötzlich einen dumpfen Schlag über mir. Ich ging davon aus, dass mein Mann oben an der Werkbank arbeitete und ihm etwas auf den Boden gefallen war. So machte ich mir darüber keine weiteren Gedanken und ging nach ein paar Minuten wieder zurück ins Wohnhaus. Mein Schwiegervater kam mir entgegen und fragte mich, ob ich Georg gesehen hätte. Ich zeigte auf die kleine Werkstatt hinüber und sagte: „Dort habe ich Georg gerade gehört." Mein Schwiegervater ging im Haus die Treppe zum oberen Stockwerk hoch. Er stand aber vor verschlossener Tür. Das verwunderte ihn, denn diese Tür wurde sonst nie zugeschlossen. „Vielleicht war er nach dem anstrengenden Tag gestern sehr müde und hat sich noch mal ins Bett gelegt. Warum hat er Lieschen nichts davon gesagt? Sie aber denkt, er stünde an der Drehbank", dachte er und machte sich sofort auf den Weg ins Schlafzimmer. Als er die Tür öffnete, erkannte er das ganze Unglück. Seine Enkeltochter lag tot in ihrem Bettchen. Vor Schmerz schrie Vater laut auf: „Elisabeth, komm schnell! Georg hat das Kind getötet. Komm!" Ich rannte, so schnell mich meine Füße tragen konnten, die Treppe hoch. Völlig atemlos blieb ich an der Tür stehen. Über die Schwelle konnte ich nicht treten. In meiner Verzweiflung warf ich mich auf meine Knie und konnte nur zu Gott rufen: „Mein Gott und mein Herr, das Kind ist tot! Ich kann nicht mehr! Hilf du mir und erbarme dich über mich! Steh mir bei, mein Heiland!"

Dann bin ich zu meinen Eltern gelaufen. Sie luden gerade in der Scheune das Heu ab. Ich habe mich auf den Klee in der Tenne geworfen und habe laut geschrien: „Es ist aus! Alles ist aus! Georg hat unsere Gisela erschlagen. Sie ist tot, tot, tot!" Meine Eltern waren bestürzt und gingen sofort mit mir in unser Haus. Zu dritt betraten wir das Schlafzimmer. Ganz friedlich, so als ob mein kleiner Schatz schliefe, lag Gisela in ihrem Bettchen. Ein kleines Rinnsal Blut tropfte ihr aus dem Mundwinkel und dem Näschen. In dem Augenblick war mir klar, dass mein Liebling gleich tot gewesen sein musste. Ein Schlag mit dem Beil hatte ihm den Schädel gespalten. Später sagte mir der Gerichtsmediziner, mein Mann habe durch den Schlag das Großhirn vom Kleinhirn abgetrennt.

Mein Vater ist sofort mit Opa zur Werkstatt gelaufen, und gemeinsam haben sie die Tür eingetreten. Georg lag in seinem Blut auf dem Boden. Er hatte sich, nachdem er sich eine Überdosis Insulin gespritzt hatte, die Pulsadern aufgeschnitten. Wie ein Lauffeuer ging diese Schreckensmeldung im Dorf von Mund zu Mund: „Georg hat seine Tochter getötet und Selbstmord begehen wollen." Sofort waren zwei Ärzte zur Stelle, und auch die Kriminalpolizei kam mit Blaulicht gefahren. Mich hat man schnell ins Wohnzimmer gebracht, damit ich nicht den ganzen Aufruhr miterleben sollte. Georg fuhr man mit dem Notarztwagen ins nächste Krankenhaus. Er war durch den hohen Blutverlust bewusstlos geworden, aber sein Leben konnte gerettet werden. Erst am nächsten Tag kam er zur Besinnung. Später hat er mir erzählt, dies sei der schrecklichste Tag in seinem Leben gewesen, als er wieder aufgewacht sei; denn er habe nach dieser Bluttat nur noch sterben wollen.

Eine Freundin von mir nähte aus weißem Stoff das Totenkleidchen für meinen Liebling. Noch bevor Gisela ins gerichtsmedizinische Institut nach Gießen gebracht wurde, zog ich ihr das Kleidchen an. Wie ein Engel sah das Kind aus. Wäre sie nicht so blass gewesen, man hätte meinen können, sie schliefe. Der kleine Leichnam wurde obduziert. Vier Tage später wurde unsere Tochter zur Beerdigung freigegeben. Meine Eltern und Geschwister haben mich zum Friedhof begleitet, und dem kleinen, weißen Sarg folgte ein langer Trauerzug. Der Predigt lag das Wort aus Jesaja 54,7.8.10 zugrunde. Das hat mir der Pfarrer später erzählt.

„Ich habe dich einen kleinen Augenblick verlassen; aber mit großer Barmherzigkeit will ich dich sammeln. Ich habe mein

Angesicht im Augenblick des Zorns ein wenig vor dir verborgen; aber mit ewiger Gnade will ich mich dein erbarmen, spricht der Herr, dein Erlöser. Denn es sollen wohl Berge weichen und Hügel hinfallen, aber meine Gnade soll nicht von dir weichen, und der Bund meines Friedens soll nicht hinfallen, spricht der Herr, dein Erbarmer."

Von dieser Predigt habe ich leider kein Wort vernommen, so sehr hat mich der Schmerz betäubt. Und doch schenkte mir Gott über dem offenen Grab meiner Gisela eine Vision, wie ich sie nie zuvor erlebt hatte. Ich sah über dem Erdhügel eine lichte, weiße Wolke aufsteigen, und aus der Wolke vernahm ich eine Stimme laut und deutlich: „Fürchte dich nicht, ich habe für dich den Sieg errungen." Ich begriff diesen Zuspruch zunächst nicht, aber ich nahm ihn wahr und bewegte ihn in meinem Herzen. Dieses Wort ist mir zu einem starken Trost geworden. Ich wusste: Christus hat mein Kind zu sich gezogen und in den Himmel aufgenommen. Mein kleiner Schatz lebt nun in Gottes Herrlichkeit. Gisela ist mir vorangegangen, und ich werde einmal am Himmelstor von ihr empfangen werden. Viele Jahre trug ich dieses Wissen als Geheimnis in meinem Herzen. Aber dann habe ich beschlossen, es in Worte zu fassen und es anderen mitzuteilen. So hat Gott mich getröstet, und meine Last wurde leichter.

In den nächsten Wochen habe ich nur bei meinen Eltern geschlafen. Tagsüber half ich meinen Schwiegereltern auf dem Hof und auf den Feldern. Ich brachte es nicht übers Herz, in meine Wohnung zu ziehen. Wie hätte ich in einem Zimmer schlafen sollen, in dem mein kleiner Schatz vom eigenen Vater ermordet worden war? Die Wunden wollten nicht heilen, und der Schmerz war noch immer groß. Als es meinem Mann wieder besser ging, überführte man ihn aus dem Krankenhaus ins Zuchthaus nach Kassel Wehlheiden. Dort blieb er mehrere Monate und wurde dann in die Nervenklinik nach Marburg eingeliefert. Ich habe ihn auf Wunsch des Professors besucht, aber ein längeres, intensives Gespräch war nicht möglich. Ich gewann den Eindruck, dass mein Mann erleichtert war, als ich ihn nicht mit Vorwürfen überschüttete. Was hätte ich ihm auch sagen sollen? Längst hatte ich diese schlimme Tragödie an Gott abgegeben. Mir ging es nicht um mein Recht, und Hass war mir als Christin untersagt. Ich wollte mich nicht im Gestrüpp hässlicher Bitterkeiten verfangen und erkannte, dass mein Mann psychisch krank war. Diese Bluttat hat er in einem Anflug von Schizophrenie begangen. Ich hatte ihn als einen liebenden Ehemann und Vater in all den Jahren erlebt. Hätte ich bloß früher seinen bedrohlich schleichenden Krankheitszustand erkannt!

Ich nahm meine Zuflucht zu Gott und stärkte mich durch das Lesen der Bibel. Psalm 23 wurde mir zu meinem Nachtgebet, wenn mir keine eigenen Worte über die Lippen kommen wollten. Gern summte ich auch das alte Lied vor mich hin:

„Wenn Friede mit Gott meine Seele durchdringt,
ob Stürme auch drohen von fern,
mein Herze im Glauben doch allezeit singt:
Mir ist wohl, mir ist wohl in dem Herrn.“

Später konnte ich auch die andere Strophen laut singen:

„Nun leb ich Christo, für Christus allein;
sein Wort ist mein leitender Stern.
In ihm hab ich Fried und Erlösung von Pein,
meine Seele ist selig im Herrn.“

Da mein Mann als unzurechnungsfähig erklärt wurde, konnte er nicht bestraft werden. Er blieb aber viele Jahre in der Psychiatrie in Gießen. In dieser Zeit, als ich um die Heilung meiner Seele rang, lud mich eine Tante zu sich auf ihren Arbeitsplatz ein. Sie war Diakonisse und pflegte gebrechliche Menschen im Altenheim in Wommen. Die Oberschwester erlaubte mir, dass ich mich für ein paar Wochen hier erholen konnte. Am 3. Dezember, dem siebten Geburtstag von Gisela, blieb ich in der Stille vor Gott und habe viel in meiner Bibel gelesen und zu Gott gebetet. Ich half den Diakonissen auch in der Pflege alter Menschen und in der Küche bei der Weihnachtsbäckerei. Diese Beschäftigung und meine Glaubenszuversicht bewahrten mich vor einem nervlichen Zusammenbruch.

Dann kam der Heilige Abend. Ich war etwas enttäuscht, als mir meine Tante sagte, sie wolle Weihnachten in der Gemeinschaft mit den anderen Diakonissen feiern. So war es in diesem Haus jedes Jahr Sitte. Erschrocken über diese Mitteilung saß ich in meinem Zimmer und dachte: Diese Heilige Nacht kann ich nicht durchstehen. Ich kann nicht so einsam und allein fern all meiner Lieben bleiben. Aber was hätte ich da tun sollen? Ich suchte meine Zuflucht im Gebet, ging auf meine Knie und klagte alles meinem Vater im Himmel. Auf mein Bett gestützt rief ich Gott um Hilfe an: „Herr, mein Erbarmer, du siehst mich, dass ich heute Abend eine Mutter ohne Kind bin. Das schmerzt sehr. Aber ich danke dir, dass du bei mir sein willst und mich tröstest." Eine große Gelassenheit und Ruhe erfüllte nach diesem Gebet mein Herz. Ich konnte es fast selbst nicht glauben. Plötzlich fing ich an, Weihnachtslieder zu singen. Besonders das Lied von Jochen Klepper berührte mein Innerstes:

„Die Nacht ist vorgedrungen, der Tag ist nicht mehr fern.
So sei nun Lob gesungen dem hellen Morgenstern!
Auch wer zur Nacht geweinet, der stimme froh mit ein.
Der Morgenstern bescheinet auch deine Angst und Pein.

Noch manche Nacht wird fallen auf Menschenleid und -schuld.
Doch wandert mit uns allen der Stern der Gotteshuld.
Beglänzt von seinem Lichte, hält euch kein Dunkel mehr.
Von Gottes Angesichte kam euch die Rettung her.“

Immer wieder fiel ich auf meine Knie, lobte und pries Gott, dass er mir das Jesuskind als helles Licht und Tröster auf meinen Weg gestellt hat. Ich bat Gott noch um einen besonderen, ja seltsamen Wunsch. Er möge mir im Traum noch einmal mein Töchterchen zeigen. Das wäre mir das liebste Weihnachtsgeschenk.

Und dann geschah es noch in derselben Nacht, dass mir Gott meine geheime Bitte erfüllte. Ich kann es heute nicht mehr sagen, ob ich wach war oder träumte. Plötzlich sah ich, wie meine Gisela in ihrem weißen Totenkleidchen über mir schwebte und mir zurief: „Gell, Mama, jetzt bleibst du deinem Heiland ganz treu.“ Laut und deutlich sagte ich: „Ja!“ Ich erhob mich noch einmal aus meinen Kissen, kniete nieder und dankte Gott für diese wunderbare Begegnung mit meinem Kind.

Ich wäre wirklich eine arme, verzweifelte Mutter geblieben, hätte ich dieses Versprechen meiner Gisela gegenüber nicht gehalten. Das Leben forderte mich heraus, und ich übte mich darin, Gott treu zu sein.

Ein halbes Jahr arbeitete ich im Altenheim. Dann bin ich

wieder nach Hause gefahren auf den Hof zu meinen Schwiegereltern. Später erzählte mir eine Dorfbewohnerin, dass meine Schwiegermutter gesagt habe: „Als Elisabeth in unserm Hause war, erlebte ich die schönste Zeit meines Daseins." Ich habe ihr ja auch jeden Wunsch von den Augen abgelesen, denn ich liebte sie. Aber lange konnte ich nicht auf dem Hof bleiben, zumal sich der Schwiegervater weigerte, für mich die Krankenkassen- und Rentenbeiträge einzuzahlen. Er vertröstete mich damit, dass ich ja später Alleinerbin sei. Aber damit wollte ich mich nicht zufrieden geben. Ich beschloss, selbst für meinen Unterhalt zu sorgen, und nahm in Frankfurt eine Stelle als Haushälterin bei einem Pfarrerehepaar an. Auch als Näherin verdiente ich gutes Geld, denn ich zeigte auf diesem Gebiet großes Geschick. Der Hof ist später an einen Blutsverwandten vererbt worden, und ich ging leer aus.

Meinen Mann besuchte ich in regelmäßigen Abständen in der Klinik. Er war durch seine Zuckerkrankheit erblindet und auch sonst recht elend geworden. Ich wollte mich nicht von ihm scheiden lassen, denn mein Treuegelöbnis am Altar war mir wichtig. Wir hatten ja auch viele sehr schöne Jahre miteinander verbracht, und nun galt es, die schlechten Zeiten durchzustehen. Kurz nach einem Besuch verstarb mein Mann.

Nun war ich Witwe. An eine Wiederheirat dachte ich nicht. Aber dann, nach sieben Jahren, war das Glück mir doch hold. Ein Witwer, Vater von vier Kindern, hielt um meine Hand an. Er war ein feiner, gläubiger Mann, und seine Kinder freuten sich, dass sie nun wieder eine Mutti hatten. An der Seite so lieber Menschen zu leben, bedeutete für mich ein großes Glück. 23 reiche Jahre voller Verantwortung und Freude waren mir dann noch beschieden, bis Gott meinen Mann durch einen plötzlichen Herztod zu sich in seine Herrlichkeit holte. Heute lebe ich im Haus meiner Kinder und werde bestens versorgt.

Rückblickend kann ich nur Gottes große Treue loben, der mich wunderbar durch alle schweren Zeiten durchgebracht hat. „Er hat alles wohlgemacht", will ich mit dem Psalmisten bekennen, Gott allein gebührt die Ehre.

Meine Mutter war eine Prostituierte

Gerlinde Weiß (Name wurde geändert) berichtet:

Über meiner Kindheit leuchtete kein heller Stern. Sie war vielmehr vom Dunkel umhüllt. Schon meine Geburt war unerwünscht, und die Umstände meiner Zeugung führten zu einem Fiasko. Nie habe ich ein wohliges, warmes Elternhaus kennen gelernt. Meine Mutter entstammte einer Familie, die sich der sozialistischen Idee verschrieben hatte. Gott spielte bei uns überhaupt keine Rolle. Und so wurde auch nie ein Tisch- oder Nachtgebet mit mir gesprochen. Es herrschte in unserem Haus der pure Atheismus. Einen gewissen christlichen Einfluss übte nur mein Großvater aus. Er hatte noch bewirkt, dass meine Mutter konfirmiert wurde. Aber die Erinnerung an diesen Tag des Bekenntnisses zu Jesus hat sie bald in den Wind geschlagen. Sie führte ein recht lockeres, leichtfertiges Leben. Immer war sie von Männern umschwärmt. Dazu hat wohl auch ihr gutes Aussehen beigetragen. Sie war ausgesprochen schön, hatte eine Figur wie ein Model und verstand, sich chic und geschmackvoll zu kleiden und sich zu schminken. Viel Zeit verbrachte sie im Badezimmer, um ihre dunkelbraune Lockenpracht herzurichten und das Make-up aufzutragen. Mein Vater war wahnsinnig in sie verliebt und sehr stolz auf sie. Mit ihr konnte er sich überall sehen lassen und wurde bewundert. Als Mutter mit 18 Jahren schwanger geworden war, heiratete er sie. Aber im Grunde war sie für eine Ehe noch gar nicht reif, und so war das Dilemma vorprogrammiert.

Ich war die Älteste von drei Geschwistern und hatte in meinem Bruder und in meiner Schwester wunderbare Spielkameraden. Geboren wurde ich 1934 in Dresden. Mein Vater hatte das Tischlerhandwerk erlernt und war überaus geschickt. Die Vitrinen und Schreibtische, die er auf Wunsch prominenter Kunden herstellte, waren sehr begehrt. Aber leider wurde er schon zu Beginn des Krieges zum Militär eingezogen und zunächst in Polen und dann in Russland eingesetzt.

Meine Mutter hat sich nicht viel um uns gekümmert, und ich als die Älteste musste für meine kleineren Geschwister sorgen. Die Angst wurde für uns zu einem ständigen Begleiter, denn wir waren uns selbst überlassen. Einmal gab es bei uns einen Mordskrach. Ein fremder Mann, groß wie ein Riese, bedrängte meine Mutter im Schlafzimmer. Es fielen laute, harte, hässliche Worte, Kissen und Stühle flogen gegen die Wand, und Mutter schrie mit ihrer schrillen Stimme laut auf. Sie war über ihren Freier schrecklich wütend. Uns aber packte die Angst.

Einmal – wir waren mal wieder ganz allein in unserer Wohnung – tickte jemand an unser Fenster. Ich stellte einen Stuhl auf den Tisch, kletterte hinauf und wollte sehen, wer an unsere Scheibe klopfte. Laut jubelte ich auf: „Vati, Vati!" Die Freude war nicht zu beschreiben. Mein Vater hatte einen Kurzurlaub erhalten und war für ein paar Tage zu uns gekommen. Diese Begegnung mit Vati war ein Highlight in dem sonst so öden Dasein. Es war, als ginge für uns die Sonne auf. Wir konnten tief durchatmen und uns freuen. Zu zweit, manchmal sogar zu dritt saßen wir auf seinem Schoß, und er erzählte uns wunderbare Geschichten von Polen und Russland, wie herrlich diese Länder seien, und dass es auch im Feindesland Menschen gäbe, die edel gesonnen und hilfsbereit wären. Einmal hatte ihm eine Russin frischgebackenes Brot und dazu noch einen halben Liter warme Kuhmilch gebracht. Die Gräueltaten des

Krieges verschwieg er uns. Behutsam strich er uns über das Haar und drückte uns fest an sich. Ach, wie lange schon hatten wir auf seine Liebe verzichten müssen. Manchmal denke ich, dass besonders Kinder die harten Folgen des Krieges tragen müssen und unter Entbehrungen leiden. Vater spielte mit uns „Fangerles", und wir tobten durch Küche, Bad, Schlafzimmer und Wohnzimmer. Es war einfach herrlich. Aber plötzlich ging die Tür auf. Die Begrüßung meiner Eltern war nicht besonders herzlich. „Wo kommst du denn her?", gab Mutter ihm entrüstet die Hand. Sie hatte kaum ein paar Sätze mit ihm geredet, da ging schon wieder der Streit los: „Du hättest dich bei mir melden müssen, dass du Urlaub bekommst. Plötzlich stehst du vor der Tür!", warf sie ihm vor. Ob sie wohl Angst hatte, Vater könnte den Rasierapparat und den Schlafanzug ihres neuen Liebhabers entdecken? Wir waren über die Heimkehr von Vati so glücklich, und Mutter zerstörte mit ihrem Zank und lautem Gekreische unsere Freude. Traurig zog ich mich in eine Ecke der Wohnung zurück. Ich war froh, dass der Streit nicht noch zu einer Schlägerei ausartete und sie mit einem Stuhlbein auf Vater losging. Mutter konnte sehr unbeherrscht und aggressiv sein. Warum wurde unsere Freude nur so schnell zerstört? Wir waren froh, dass Mutter zwei Stunden später das Haus verließ und zu ihrer Straßenbahn eilte. Jetzt kehrte wieder Frieden in unserer Wohnung ein. Aber schon nach acht Tagen musste Vater seinen Rucksack schultern und zur Front zurückkehren. Ich vergoss viele Tränen, hielt ihn beim Abschied mit beiden Händen fest. Am liebsten hätte ich ihn gar nicht mehr losgelassen. Ahnte ich vielleicht schon, dass dies die letzte Begegnung mit Vater war?

1941 traf ihn eine Kugel in die Brust und er verblutete auf

der schwarzen Erde der Halbinsel Krim. Ich konnte lange nicht begreifen, dass mein geliebter Papa nicht mehr nach Hause kommen sollte. Er war für uns ein so fürsorglicher und umsichtiger Vater gewesen, und mit meinen sieben Jahren habe ich seinen Tod schon bewusst erlebt. Viele Tränen habe ich um ihn vergossen. Wenn ich abends in meinem Bett lag, musste ich oft das Kissen auf die andere Seite drehen, so nass war es. Es war der erste schwere Schlag, den mir das Schicksal zugefügt hat.

In meiner Bekümmertheit fing ich an zu fragen, ob ich nicht auch sterben könnte, um bei Papa zu sein. Das Leben machte mir ohne meinen geliebten Vati keinen Spaß mehr. Auf meine Kinderseele legte sich eine Düsternis, die lange nicht weichen wollte.

Für meine Mutter war diese neue Situation auch nicht leicht zu verkraften. Sie musste nun allein für den Broterwerb sorgen. Bei der Straßenbahn fand sie eine Stelle als Schaffnerin. Aber sie hat es nie recht verstanden, vernünftig mit ihrem Geld umzugehen. In unserer Haushaltskasse war immer Ebbe. So suchte sie sich noch eine zusätzliche Erwerbsquelle, um ihre hohen Ansprüche zu befriedigen. Männer hatten bei ihr schon immer eine große Rolle gespielt, und so driftete sie in die Prostitution ab. Schon in der Zeit, als mein Vater an der Front kämpfte, waren die Freier in unserem Haus ein- und ausgegangen. So habe ich nie ein richtiges Elternhaus kennen gelernt, sondern musste mein Zuhause mit seltsamen Fremden teilen. Das bereitete mir oft Angst. Damals begriff ich noch nicht, was sich im Schlafzimmer abspielte. Wir waren nämlich immer früh zu Bett geschickt worden und hätten auch nie zu ihr kommen dürfen. Aber es herrschte hinter der Wand unseres Kinderzimmers Gelächter, Stöhnen, Unruhe und laute Musik. Natürlich nahm auch unser Vermieter Anstoß am leichtfertigen Leben meiner Mutter und uns wurde die Wohnung gekündigt. Wir hatten keine andere Wahl, wir mussten ausziehen. Daraufhin mieteten wir ein Zweizimmerappartement.

Mein Großvater väterlicherseits war ein frommer Lutheraner. Er hat mir später erzählt, dass er mit uns Kindern gelitten hat, als er erkennen musste, wie unfähig Mutter war, uns zu erziehen. Er durfte uns nicht besuchen und sich auch in keiner Weise in unsere Familienverhältnisse einmischen. Aber seine Gebete haben uns täglich begleitet. Als ich geboren wurde, sagte jeder, der mich anschaute, ich sähe mit meinem rötlichen Haar Großvater ähnlich. Zu meiner Mutter konnte ich nie ein vertrauensvolles Verhältnis aufbauen. Schon mit meinen sieben Jahren gewann ich den Eindruck, dass ihr die fremden Liebhaber, die sie mit ins Haus brachte, wichtiger waren als wir. Wenn sie nicht als Schaffnerin arbeitete, legte sie sich tagsüber ins Bett, und wir mussten sehr leise spielen, um sie nicht zu stören. An solchen Tagen blieb auch die Küche kalt und wir ernährten uns von einer Semmel oder einem Apfel. Blass und schmal sahen wir aus. Es war ja auch Krieg, und auf viele wichtige Nahrungsmittel wie Obst und Gemüse mussten wir verzichten. Südfrüchte wurden nicht mehr aus dem Ausland eingeführt, und die Lebensmittel waren rationiert. Hatte dann Mutter den Tag über geschlafen, stand sie gegen Abend auf, cremte und puderte sich ihr Gesicht, legte ein kräftiges Kirschrot auf die Lippen und wartete auf ihre Freier. Wir aber mussten früh ins Bett gehen, damit wir ihr nicht im Wege standen. Oft verschwand sie auch und brachte die Nächte in Spelunken zu.

Im Haus wohnte auf derselben Etage noch eine Familie. Sie

sollte ein Zimmer an uns abtreten, so war es von der Wohnungsbehörde angeordnet. Aber die Leute uns gegenüber waren darüber erbost. Widerwillig stellten sie uns eine unbeheizbare Kammer zur Verfügung. Aus Rache hat dann die Nachbarin meine Mutter bei den Nazis angezeigt. Sie unterstellte ihr, sie höre die ausländischen Sender, was bei Strafe verboten war. Mutter wurde zu einem Gerichtstermin geladen und zu einer hohen Zuchthausstrafe verurteilt. Noch im Gerichtssaal wurde sie verhaftet und landete im Frauengefängnis in Meißen. Nun standen wir ganz allein da.

Für uns Kinder begann eine notvolle Zeit. Wir wanderten von einem Kinderheim ins andere, weil wir verwaist zurückgeblieben waren. Mein kleiner Bruder wurde in ein Findelheim gebracht, wo man Babys und Kleinkinder betreute. Wir waren in unserer Kindheit immer ungeborgen. Nie habe ich auf dem Schoß meiner Mutter sitzen können. Wahrscheinlich war sie viel zu jung und völlig unvorbereitet in die Ehe gestolpert. An Vati hingegen hege ich gute Erinnerungen. Er war sehr lieb zu uns. Für Mutter waren wir nur eine Last, „ein Klotz am Bein“, wie sie manchmal im Zorn sagte. Warum nur musste Vati so früh sterben?

Unser Kinderheim war der Marienhof in Dresden-Neustadt. Dort herrschte strenge Zucht und militärischer Drill. Es gab sogar ein „Kindergefängnis“, in das ungezogene Kinder gesteckt wurden, wenn sie etwas angestellt oder den Gehorsam verweigert hatten. In diesem Heim litt ich schreckliche Angst und habe viel geweint. Morgens standen wir im Kreis auf dem Hof, dann wurde die Fahne gehisst. Schon wir Kleinen wurden dazu erzogen, Heil Hitler zu rufen. Erlahmte uns bei der Zeremonie der rechte Arm, dann haben wir ihn mit unserem linken gestützt. Einige militärische Lieder sind mir in Erinnerung geblieben, vor allem das Horst-Wessel-Lied. Wir sollten zu treuen, gehorsamen Jungen und Mädchen erzogen werden, die dem Führer Freude machten und Deutschlands Zukunft bedeuteten. Wir waren je nach Alter und Geschlecht in verschiedenen Gruppen untergebracht. Am Sonntag durften wir Besuch empfangen. Aber in all der Zeit, die wir im Heim zugebracht haben, war Mutter nur zweimal zu uns gekommen. Wenn am Nachmittag die Namen der Kinder aufgerufen wurden, deren Eltern gekommen waren, warteten wir fast immer vergeblich, dass unser Name genannt wurde.

Ich war fast zwei Jahre im Kinderheim, und unser Vormund holte uns aus diesem „Gefängnis", wie ich das Heim empfand, wieder heraus. Ich war acht Jahre alt, als ich noch einmal mit den Heimkindern vom Marienhof zusammentraf. Angst überfiel mich bei ihrem Anblick. Noch einmal musste ich an die Erziehungsmethoden denken, die hier herrschten. Wie kleine Soldaten wurden wir behandelt. In unserem Schrank, den jeder erhalten hatte, musste alles auf Kante liegen. Wehe, wenn ein Hemd nicht richtig gefaltet im Fach lag. Schon drohte uns eine deftige Bestrafung. Hatten wir unsere Wäsche zu schmutzig gemacht, dann wurde sie uns um die Ohren geschlagen. Bettnässer hatten es besonders schwer. Die Toilette lag weit weg am anderen Ende des Flures. Manches Kind hatte Angst, in der Dunkelheit den langen Gang entlangzulaufen. Dann war schnell das Malheur passiert. Wir wurden verprügelt, wenn die Matratze nass war. Es gab Kinder, die haben jeden Tag Schläge erhalten. Das empfand ich als ungerecht und grausam.

Immer wieder passierte es, dass Zöglinge ausrissen. Wurden sie aufgegriffen, dann war ihnen eine Bestrafung im Kinderarrest oder im Erziehungshaus sicher. Die größeren Jungen und

Mädchen wurden öfter angehalten, nach den Ausreißern im Wald zu suchen. Derartiges Tun wurde als Geländespiel deklariert.

Es gab aber auch schöne Erfahrungen im Heim. Zu Weihnachten erhielt jedes Kind ein kleines Geschenk. Wie sehr haben wir uns darüber gefreut, denn mit Spielzeug waren wir nicht verwöhnt.

Im Heim hatte jedes Kind eine Aufgabe zu erfüllen. Ich hatte den Auftrag, die Post von einem Haus ins andere zu tragen. Traf ich auf diesem Weg einen Erzieher, dann musste ich mit „Heil Hitler!“ grüßen und melden: „Mein Name ist Ursula, ich gehe ins Findelheim.“ Da ich sehr geschickt war und gut mit Nadel und Faden umgehen konnte, durfte ich während meiner Arbeitszeit unter Anleitung aus Stoffresten Puppen nähen.

Eines Tages begegnete ich auf dem Gelände einer alten Frau – so erschien sie mir wenigstens – mit einem Knoten im Haar. „Das wird deine neue Mutter“, sagte mir eine Erzieherin. Ich fragte: „Besitzt sie denn Ziegen, Pferde und Kühe?“

„Nur eine Ziege“, lautete die Antwort. Ich war schrecklich enttäuscht. Wie sehr hätte ich mir ein Pferd zum Reiten gewünscht. Aber alle meine geheimen Träume schienen nicht in Erfüllung zu gehen. Meine neue Pflegemutter, zu der ich Oma sagte, besaß eine Mühle. Aber in dieser Familie durfte ich mit meinen neun Jahren kein Kind mehr sein. Arbeiten, arbeiten war angesagt, sogar bei Frost und Schnee. Zimperlich durfte ich nicht sein, auch wenn ich mir bei der schrecklichen Kälte Frostbeulen an den Zehen holte. Ich besaß ja auch keine warmen Winterstiefel. Nur einmal hat mich in dieser Zeit meine Mutter in der Mühle besucht. Und das empfand ich als schrecklich wenig. Bedeutete ich meiner Mutter denn gar nichts mehr?

Hier in dieser Pflegefamilie lernte ich Holz hacken, den Hof fegen, putzen, im Garten Beeren pflücken, Unkraut jäten und noch vieles mehr. Gelobt wurde ich nie, auch wenn ich mich mächtig anstrengte. Nie durfte ich wie andere Kinder im Sommer schwimmen gehen oder mit Freundinnen spielen. „Wir leben in der Kriegszeit. Da müssen wir uns alle anstrengen, dass unser Führer Adolf Hitler den Krieg gewinnt", bläute mir die Pflegemutter immer wieder ein, wenn ich sie bat, mit meinen Klassenkameraden Völkerball oder Verstecken spielen zu dürfen. Am meisten machte es mir zu schaffen, dass ich von meinen Geschwistern getrennt war. Ich war allein und wurde immer mehr ein verschüchtertes Kind. Ein Jahr später kam dann meine jüngere Schwester auch in dieses Haus.

In unserer Mühle erlebte ich auch am 13. und 14. Februar 1945 den Bombenabwurf über Dresden. Es war ein schrecklicher Feuersturm, und der Himmel hatte sich glutrot gefärbt. Die Phosphorbomben steckten alles in Brand. Sogar auf der Elbe brannte das Feuer. Man schätzt, dass über 40 000 Tote in diesen beiden Nächten zu beklagen waren, denn Dresden war mit Flüchtlingen überfüllt. Noch in einer Entfernung von 35 Kilometern sahen wir die Folgen der Bombardierung. Tagelang roch man den Verbrennungsgeruch von Leichen. Als ich hörte, dass auch Meißen bombardiert worden war, packte mich die Angst um meine Mutter, und ich habe acht Jahre lang nichts mehr von ihr gehört. Ich dachte, sie sei auch verbrannt.

Tatsächlich ist das Frauengefängnis getroffen worden. Es gab viele Tote. In dem Durcheinander dieser heillosen Nacht konnte Mutter aus dem Gefängnis fliehen. Sie ist zunächst bei Verwandten untergetaucht und hat sich später nach Helgoland abgesetzt. Als blinder Passagier erreichte sie die Insel und arbeitete dort als Serviererin. Fragte jemand nach ihren Papieren, dann konnte sie sagen, dass sie ausgebombt und alles verbrannt sei, auch ihr Pass. Von Helgoland schickte sie uns sogar ein Päckchen.

Sie war nach dem Tode unseres Vaters noch dreimal verheiratet, unter anderem mit einem Spieler, der all sein Geld im Kasino ließ. Diese Ehe dauerte nur drei Monate und wurde wieder geschieden. Dass wir Kinder unter diesen familiären Zerwürfnissen zu leiden hatten, liegt auf der Hand. Wie viel Streit gab es bei uns in der Familie, und manchmal flogen auch die Fetzen. Hilflos waren wir diesem Zank ausgeliefert. Ich habe meine Mutter nie lieben können, und manchmal habe ich gedacht: Wäre sie doch bloß gestorben und Vati noch am Leben! Auch mit ihren Geschwistern hat Mutter sich nicht verstanden. Sie war wie ein Feldwebel, und was sie sagte, das galt.

Eine besondere Freude war es mir, als ich meinen Bruder im Sommer 1945 besuchen durfte. Ich hatte ihn schon lange nicht mehr gesehen und ihn sehr vermisst. Nach Kriegsende erfuhr ich, dass Mutter sich inzwischen nach Amsterdam abgesetzt hatte und nun dort lebte. Sie hatte ja schon einige Eskapaden hinter sich. Ich habe ihr natürlich gleich einen Brief geschrieben, und sie hat mir auch sofort geantwortet. Um in dieses von den Deutschen ehemals besetzte Gebiet einreisen zu können, heiratete sie an der Grenze zu den Niederlanden einen Holländer. Ihre Trauung fand in einem Standesamt statt, wo sie in Arbeitsstiefeln und einem alten Soldatenmantel erschienen war. Da war nichts von weißem Brautkleid und Schleier zu sehen. Die Hauptsache war ihr, einen Holländer an Land zu ziehen, damit sie auf schnellstem Wege Deutschland verlassen konnte. Der Grund hierfür blieb mir fremd. Vielleicht hoffte sie, im Ausland schneller zu Geld und Wohlstand zu gelangen; denn unser Heimatland lag zerschlagen am Boden, und es dauerte einige Jahre, bis es sich von den Folgen des verlorenen Krieges erholen konnte.

Drei Jahre schuftete ich zartes Wesen auf einem Bauernhof. Für mich gab es anscheinend keine andere Lehrstelle. Dann aber zog es mich in die Ferne. In Ostdeutschland sah ich keine Zukunft für mich. In der Tanzschule, die ich mit 15 Jahren besuchen durfte, lernte ich einen jungen Mann kennen. Er hieß Alfred, war 18 Jahre alt und schrecklich in mich verliebt. Er wollte mit seinem Bruder in den Westen gehen, und es gelang ihm, sich nach Bochum abzusetzen. Dort arbeitete er im Kohlebergwerk und verdiente tüchtig Geld. Gewiss, die Arbeit tief drunten in der Erde war schwer und gefährlich, aber der gute Lohn zog viele junge Leute ins Kohlerevier. Nach zwei Jahren kehrte er in den Osten zurück und erzählte mir vom Wunderland Bundesrepublik. Ich hatte das Leben in der DDR satt. Nur widerwillig ging ich zu den Veranstaltungen der FDJ. Mich zog es auch nach Holland, wo meine Mutter lebte. Ich sagte zu Alfred: „Hol mich aus diesem Gefängnis heraus, ich will endlich frei sein." Dazu war er bereit. Er holte sich noch seinen Bruder zur Hilfe, der mir meinen bleischweren Koffer in den Westen schaffte. Ich selber trug nur ein kleines Täschchen. Es durfte ja nicht auffallen, dass ich fliehen wollte; denn Republikflucht wurde mit Gefängnis bestraft. Wir verließen den Raum Dresden und fuhren Richtung Magdeburg. Dann suchten wir nach einer Möglichkeit, bei Nacht und Nebel die Grenze zwischen den beiden deutschen Staaten zu überschreiten.

Wir fanden einen ausgezeichneten Grenzgänger. Er war bereit, uns für 50 Mark über die Grenze zu schleusen. Über Felder und Wiesen, durch Wälder und Flüsse schlichen wir unserem Ziel zu. Wir waren etwa zehn Personen und mussten unseren Blick auf ihn gerichtet halten. Gab er uns ein Zeichen, dann mussten wir uns sofort auf die Erde werfen, denn dann war Gefahr im Verzug. Einmal zog eine ganze Kolonne russischer Soldaten in einiger Entfernung an uns vorüber. Bei ihrem Anblick schlug mir das Herz bis zum Halse. Ich dachte, jetzt sind wir verloren. Wir warfen uns ins Gras und blieben unentdeckt. Todmüde und total verdreckt erreichten wir gegen fünf Uhr früh Helmstedt im Westen. Schon gegen sechs Uhr fuhr unser Zug Richtung Bochum weiter.

Diesen Morgen im Jahre 1951 werde ich mein Leben lang nicht vergessen. Bei einer Tante von Alfred suchten wir Unterschlupf. Doch sie war von seiner Begleiterin nicht gerade begeistert. „Wen bringst du denn da mit?", fragte sie etwas schnippisch und zog die Augenbrauen hoch. Ich gefiel ihr gar nicht, und sie ließ mich das spüren. Aber dann gewährte sie mir doch 14 Tage lang Quartier. In der Nachkriegszeit waren die Wohnverhältnisse denkbar schlecht, und unsere deutschen Städte lagen in Schutt und Asche. Meine Bleibe war dann zunächst in Essen, und ich hatte viele Behördengänge zu erledigen. Das war mühevoll, und ich hasste die Fragebögen. Aber ich war doch froh, die DDR hinter mir gelassen zu haben. Mein Stiefvater bot mir an, dass ich zu ihm kommen könnte. Er arbeitete bei der Reichspolizei in Amsterdam. Alfred brachte mich noch an die Bahn, schenkte mir Kekse und Bonbons für die Reise und bezahlte mir auch die Fahrkarte.

Im Zug kam ich mit einem netten Herrn ins Gespräch. Er hatte mich beobachtet und bemerkt, dass ich recht ängstlich war. Von Beruf war er Rechtsanwalt. Er bot mir seine Hilfe an. Seine Visitenkarte steckte ich in mein Handtäschchen. So schickte er für mich an meine Mutter ein Telegramm, damit ich abgeholt würde; denn nun musste ich meinen schweren Koffer selber tragen.

Mit meiner Pflegemutter aber blieb ich in Kontakt. Sie hat mir sehr nachgetrauert. Ich muss ihr wohl doch ans Herz gewachsen sein. Seit ich in den Westen geflohen war, hatte sie den Hausschlüssel unter die Fußmatte gelegt, damit ich jederzeit heimkommen könnte.

In meinem Inneren trug ich den großen Wunsch, ein liebevolles Verhältnis zu meiner leiblichen Mutter aufbauen zu können. Meine Sehnsucht nach Liebe und Geborgenheit war riesengroß. Aber in diesem Bemühen hatte ich mich geirrt. Es kam nicht zu einem vertrauensvollen Kontakt zu ihr, und sie war mir noch fremder als je zuvor. Ein Jahr wohnte ich bei ihr, aber dann musste ich weg. Mein Stiefvater fand Gefallen an mir und belästigte mich. Meine Mutter wurde darüber eifersüchtig. Zank und Streit waren die Folge.

Ich litt unter diesen hässlichen Querelen und wollte einfach fort. Aber meine Eltern hatten mir meine Ausweispapiere abgenommen. Einmal schrieb mir Alfred, dass er mich besuchen wollte. Aber dies wurde mir verwehrt. Mein Vater duldete keinen zweiten Mann in seinem Haus. Das ließ er mich spüren. Diese Zeit war entsetzlich. So suchte ich mir schließlich ein Zimmer in Amsterdam und floh vor ihm.

Ich fand Arbeit bei einer reichen jüdisch-orthodoxen Familie. Hier lebte ich auf. Ich liebte die Kinder und wurde wie ihre Tochter aufgenommen. Nun stand ich auf eigenen Füßen. Ich lernte bald darauf einen jungen Mann kennen. Er war Schriftsetzer und verdiente gutes Geld. Wir heirateten. Ich war gerade zwanzig Jahre alt geworden. Doch diese Beziehung konnte nicht gut gehen. Mein Mann war ein äußerst schwieriger Mensch und nicht gläubig. Ich habe ihn aus Mitleid geheiratet und nicht aus Liebe. Mein Ehegelöbnis wollte ich nicht brechen, obwohl ich nicht auf Rosen gebettet war. Zwei Kinder wurden uns geboren, und sie gaben mir einen neuen Lebensinhalt. Ich wollte unter allen Umständen für meinen Sohn und meine Tochter eine gute Mutter sein. Sie sollten es besser haben als ich. Bis heute habe ich eine gute Beziehung zu ihnen. Das zeigt sich auch darin, dass sie mir zu meinem siebzigsten Geburtstag eine Reise nach Deutschland schenkten, die sicher nicht billig war.

In den Anfangsjahren unserer Ehe brach die Frage nach Gott bei mir auf. Ich empfand ein tiefes Sehnen nach Heil und Heilung. Meine Seele hatte sich durch die notvollen Schicksalsschläge wund gerieben. Das konnte doch nicht alles in meinem Leben sein, es müsste doch mehr geben. So machte ich mich auf die Suche nach Gott. Es war für mich ein Glückstag, als ich in Amsterdam Diakonissen kennen lernte. Zu ihnen fasste ich Vertrauen und schüttete ihnen mein Herz aus. Zum ersten Mal hörte ich, dass Jesus Christus nach mir Verlangen hat und mich liebt. Ich besuchte den Gottesdienst in der Lutherkirche und die Bibelstunden bei Schwester Margarethe und begann auch selber, die Bibel zu lesen und zu beten. So weckte Gott in mir den Glauben an ihn. Es war keine Bekehrung wie bei Saulus, der von einer Stunde auf die andere ein neuer Mensch wurde, sondern ich lernte Jesus, den Gottessohn, mehr und mehr kennen und lieben. Mir war zumute, als fände ich bei ihm Vater und Mutter zugleich, die ich doch so sehr vermisste. Als Jesus in seiner Heiligkeit und Reinheit vor mir stand und ich anfing, die Zehn Gebote ernst zu nehmen, war ich zutiefst erschüttert. Auch mein Leben war verpfuscht und voller Fehltritte. Als ich über mein Dasein verzweifelt war, meine Schuld erkannte und bitterlich weinte, legte Jesus mir seine Hand auf die Schulter und vergab mir alle Sünden, vor allen Dingen den Hass gegen meine Mutter. Ich lernte zu beten und zu verzeihen. Es war, als würde über meinem Leben die Sonne aufgehen und mich mit ihrer Strahlkraft umfangen. Glücklich war ich, endlich glücklich. So gewann ich die Kraft, meine kranke Mutter zu pflegen und ihr viel Gutes zu tun. Darüber war sie sehr dankbar.

Aber meine Frömmigkeit erweckte den Zorn meines Mannes. Er wurde wütend und wollte mir verbieten, zu den Diakonissen zu gehen. Ich kaufte eine Kinderbibel – sie war eigentlich für meinen Sohn und meine Tochter bestimmt – und verschlang in einsamen Stunden die biblischen Geschichten. So lernte ich Jesus besser kennen und begann zu kämpfen. So weit durfte mein Mann nicht gehen und mich in meinen vier Wänden einsperren. Den Gottesdienst und die Bibelstunde brauchte ich dringend, um nicht geistlich zu verkümmern. Ich setzte mich auch für meine Kinder ein, dass sie die Sonntagsschule besuchen durften. Es gab zwar darüber eine starke Auseinandersetzung mit meinem Mann, aber am Ende sagte er zu mir: „Sie sollen gehen!" Ich gewann Glaubensgeschwister, die mich auf dem Weg der Nachfolge begleiteten. Aber in meiner Familie wurde ich immer einsamer. Die Kinder waren herangewachsen und gingen aus beruflichen Gründen aus dem Haus. Meine Beziehung zu meinem Mann ging mehr und mehr in die Brüche. Kleinigkeiten ließen ihn so wütend werden, dass er tagelang nicht mit mir sprach. Meine Einsamkeit wurde noch größer, als eines Tages unser Dackel eingeschläfert werden musste. Es war mir, als stünde ich vor einem Abgrund. Die Atmosphäre zu Hause war niederdrückend. Aber an Scheidung dachte ich nicht. In dieser Zeit lernte ich meinen zweiten Mann kennen. Er war ein echter Amsterdamer. Als seine Frau gestorben war, suchte er den Kontakt zu mir. Er war ein wunderbarer Mensch. Dass er 24 Jahre älter war als ich, störte mich nicht.

Ich hatte den Eindruck, dass ich lange genug das Gefangensein an der Seite meines Mannes ertragen hatte, und ging zum Scheidungsanwalt. Nach 27 Jahren Ehe trennten wir uns. Ich heiratete meinen neuen Partner. Unser Trautext stand in Römer 15,7: „Nehmet einander an, wie Christus euch angenommen hat.“ Mein Mann besuchte mit mir den Gottesdienst, und wir erlebten in jeder Weise eine glückliche Zeit. Zum ersten Mal in meinem Leben verspürte ich echte Liebe. Peter hat mir jeden Wunsch von den Augen abgelesen. Uns wurden noch 20 Jahre Glück in unserer Ehe geschenkt. Mit 93 Jahren erkrankte mein Mann schwer. Ich musste ihn in die Klinik bringen und ahnte, dass unsere schöne gemeinsame Zeit dem Ende zugehen würde. Es war das Wort aus Psalm 91,1-2, das mich tröstete: „Wer unter dem Schirm des Höchsten sitzt und unter dem Schatten des Allmächtigen bleibt, der spricht zu dem Herrn: Meine Zuversicht und meine Burg, mein Gott, auf den ich hoffe.“

Oft besuche ich sein Grab und empfange immer wieder die Tröstung, dass Gott wirklich meine Zuversicht und mein Zufluchtsort ist.

Kein leichtes, aber ein reiches Dasein ist mir beschieden worden, und das Wort, das ich mir zum Leitspruch gewählt habe, begleitet mich: „Der Gott der Hoffnung aber erfülle euch mit aller Freude und Frieden im Glauben, dass ihr immer reicher werdet an Hoffnung durch die Kraft des Heiligen Geistes“ (Römer 15,13).

Unschuldig in Sibirien

Johannes Brettschneider berichtet:
Glücklich war meine Kindheit in Rodewisch im Vogtland, wurde ich doch in eine Familie hineingeboren, die Gott liebte und ihm auch diente. Auf dem Schoß meiner Mutter lernte ich das Beten, und am Mittagstisch hörte ich die Andachten meines Vaters. Jeden Abend las mir meine Oma eine Geschichte aus der Kinderbibel vor, die mir ein Pate zu meiner Taufe geschenkt hatte. Sie war mein Buch, und ich freute mich vor allen Dingen an den vielen bunten Bildern. So wurden mir Abraham und Isaak, Joseph und seine Brüder, König Saul und König David zu Begleitern auf meinem Weg. Die Gestalt Jesu, der ein Freund der Kinder ist, hat sich tief in meine zarte Kinderseele eingegraben. Ja, ich wurde sogar bereit, anderen Menschen von Jesus zu sagen. In unserer Methodistenkirche erhielten wir Kinder in der Sonntagsschule die „Friedensglocke". Ich sammelte diese Blätter, bügelte sie glatt und verteilte sie in den Briefkästen unserer Hauptstraße. An diese behütete Kindheit erinnere ich mich noch heute sehr gern, und es ist mir ein herber Schmerz, dass ich mich von meinem Glaubensweg habe abbringen lassen.

Es folgte eine böse Zeit. Adolf Hitler war an die Macht gekommen und nahm Einfluss auf uns junge Menschen. Mit zehn Jahren kam ich zum Jungvolk. Ich trug eine Uniform mit schwarzer Hose, braunem Hemd, Schlips mit Knoten und Koppel. Auf dem Koppelschloss war zu lesen „Blut und Ehre". Mit Trommeln und Fanfarenmusik marschierten wir durch die Straßen unserer Stadt und sangen Lieder, die den

Nationalsozialismus verherrlichten. In unsere Kinderseelen wurde der Rassenwahn früh eingeprägt.

Zum Gottesdienst ging ich schon lange nicht mehr, und meine Eltern trugen Leid um mich, dass ich mich so von Jesus hatte abbringen lassen. Ich erinnere mich noch daran, wie ich zu meinem Vater sagte: „Jesus hat ausgedient. Jetzt gibt uns Adolf Hitler Zukunft und Hoffnung."

Ich muss total verblendet gewesen sein, wenn wir in Reih und Glied durch unsere Stadt marschierten und sangen: „... denn heute gehört uns Deutschland und morgen die ganze Welt." Eigentlich lautete diese Zeile des Liedes „denn heute *da hört* uns Deutschland und morgen die ganze Welt". Ich ließ mich von der Propaganda der Nazis faszinieren. Dazu benutzten sie auch eine Reihe von Filmen, die mit hervorragenden Schauspielern besetzt waren. So hat mich besonders der Film „Reitet für Deutschland" mit Willi Birgel fast verzaubert. In den Wochenschauen wurde uns ein Ideal von Hitler als unserem großen Führer vorgegaukelt. Ich wäre damals auch bereit gewesen, freiwillig für ihn in den Krieg zu ziehen und mein Leben zu opfern. Ein früherer Freund versuchte noch, mir die Augen zu öffnen und mich vor der Verblendung zu bewahren. Doch es gelang ihm nicht. Ich ging noch einige Male ihm zuliebe in den Gottesdienst der Landeskirchlichen Gemeinschaft; aber Jesus bedeutete mir nichts mehr. Mit meinen neu gewonnenen Kameraden besuchte ich lieber das Wirtshaus und die Tanzfeste und natürlich die Kameradschaftsabende in der Hitlerjugend.

1941 wurde ich dann zum Reichsarbeitsdienst einberufen. Ich kam in den Warthegau in die Gegend von Posen. Bewaffnet mit Schaufel und Spaten ging es an die Arbeit. Meine Kraft wollte ich dem Deutschen Reich und „meinem geliebten Führer" zur Verfügung stellen. Als ich meinen Dienst abgeleistet hatte, erhielt ich für ein paar Tage Heimaturlaub. Wehen Herzens haben meine Eltern meine Abwendung von Gott und meine neue Begeisterung für den Nationalsozialismus verfolgt. Sie trugen Leid um mich und beteten noch dringlicher. Ich durfte nur kurze Zeit zu Hause bleiben und wurde dann zur Wehrmacht eingezogen. In einer Kaserne in Prag erfolgte dann meine militärische Grundausbildung.

Der Winter 1941 war extrem kalt. Die Temperaturen lagen meist unter 20 Grad minus. Die deutschen Soldaten lernten buchstäblich die sibirische Kälte kennen. Viele Kameraden sind in Russland erfroren oder haben sich schreckliche Erfrierungen an Füßen, Ohren und Nasen zugezogen. Oft musste amputiert werden. Sie hätten besser mit Pelzmäntel, Pelzmützen und Pelzstiefeln ausgerüstet sein müssen.

Im Juni 1942 kam ich nach Russland. Ich wurde der leichten Artillerie und Infanterie zugeteilt und war Kraftfahrer beim Tross. Es gab kaum gute Straßen, und oft musste ich mein Fahrzeug querfeldein durch Sumpf, Morast, Schnee oder Eis steuern. Ein Vergnügen war das schon lange nicht mehr. Allmählich gingen mir die Augen auf, für welch fragwürdige Idee ich mein Leben wagte. Wir kämpften in unserem Tross bis zum Äußersten und mussten hohe Verluste hinnehmen. Der entsetzliche russische Winter mit seiner Eiseskälte und den heftigen in die Haut einschneidenden Winden lähmte unseren Kampfeswillen. Viele meiner Kameraden dachten wie ich: „Warum nur muss ich dies erdulden?"

Besonders im Kessel von Stalingrad wurde von der deutschen Wehrmacht ein unheimlich hoher Blutzoll gefordert. Fast 150 000 Soldaten mussten dort ihr Leben lassen. Außerdem gerieten 90 000 Soldaten in russische Gefangenschaft.

Längst hatten wir damals begriffen, dass der Krieg für uns verloren war.

Bei Witebsk, dem Geburtsort des berühmten Malers Chagall, geriet ich in russische Gefangenschaft. Ich hatte den Kontakt zu meiner Truppe verloren und war in einem Waldstück vor Erschöpfung eingeschlafen. Plötzlich schrie mich ein feindlicher Soldat an und nahm mich gefangen. In langen Verhören wurde ich gefragt, ob Hitler einen Gaskrieg vorbereitet. Was hätte ich dazu sagen sollen? Ich wusste es nicht. Mit einem Trupp von 20 bis 30 Soldaten marschierten wir viele Stunden ostwärts, bis wir auf Bahngleise stießen. Dort wurden wir in Viehwaggons gesteckt und bis Moskau in ein großes Auffanglager gebracht. Wir litten auf dieser langen Fahrt Hunger und Durst und ahnten, dass nun Schlimmes auf uns zukommen würde. Alle möglichen Verbündeten der Deutschen waren hier anzutreffen, vor allen Dingen Rumänen und Italiener. Mehrere tausend Soldaten wurden hier auf engstem Raum und unter widrigen Bedingungen gefangen gehalten. Die Ernährung war mehr als dürftig, und die medizinische Betreuung mangelhaft. Wer hier mit einer Verwundung eingeliefert wurde, hatte kaum eine Chance zum Überleben. Die hygienischen Zustände waren katastrophal. Es blieb daher auch nicht aus, dass die Ruhr ausbrach. Auch ich musste mich krank melden und hatte dabei noch Glück. Ich kam ins Lazarett. Mir erging es hier viel besser als meinen Kameraden. Die russischen Soldaten wurden ausquartiert, und wir belegten ihre Betten. Zuerst wurden wir gebadet. Welch eine Wohltat, nach so langer Zeit endlich warmes Wasser auf der Haut zu verspüren. Danach schlief ich fest ein. Als ich nach Stunden aufwachte, stand das Essen an meinem Bett. Ich dachte, ich sei im Schlaraffenland. Ich erfuhr hier eine gute Behandlung. Der

Arzt untersuchte mich, gab mir Medizin, und so heilte er mich von meiner Seuche.

Nach drei Wochen wurde ich wieder in das Gefangenenlager in die Nähe Moskaus verfrachtet. Dort teilte mich der Kommandant zum Holzfällen ein. Vier Kilometer weit mussten wir die schweren Scheite auf einen freien Platz schleppen. Unsere Schultern wurden dabei wund. Das Blut lief uns an den Armen herunter. Dort zersägten wir die Stämme und hackten sie zu Brennholz. Manchmal mussten wir auch Steine, die aus dem Gebiet der Wolga hierher transportiert worden waren, auf Brettern drei bis vier Kilometer bis zu unserem Lager tragen. Aus ihnen sollten Fundamente errichtet werden.

Eine lästige Plage für uns war das Ungeziefer: Läuse, Wanzen und Flöhe quälten uns. Sie fraßen sich an unserer Haut fest, saugten uns das Blut aus den Adern und brachten uns Beulen und Wunden so groß wie ein Fingernagel bei. Die Wanzen ließen sich einfach von den Balken auf unsere ausgemergelten Leiber fallen. Oft flüchteten wir vor diesem Ungeziefer ins Freie. Solange es draußen warm war, stand dem nichts im Wege. Aber mit dem Herbst zog auch die Kälte in unser Lager ein.

Eines Tages im Oktober erschien ein Ärzteteam und untersuchte uns. Die körperlich Gesunden wurden ausgesondert und in Viehwaggons 2000 Kilometer weit nach Osten verfrachtet. Ich war auch dabei. Zehn Tage dauerte dieser Transport. Inzwischen war der Winter mit seiner strengen Kälte ins Land eingezogen. Die Wege waren nun nicht mehr befahrbar. Es fehlte an Nachschub von Lebensmitteln. Hunger brach aus. Infolge der Unterversorgung und des Frostes sind viele deutsche Soldaten verhungert oder erfroren. Mit tausend Mann waren wir im Herbst in dieses Lager eingerückt, und im Frühjahr waren nur noch 500 Gefangene am Leben. Täglich starben Kameraden von uns. Auch die Ruhr plagte uns wieder und trieb die Zahl der Toten in die Höhe. Wir konnten unsere Toten noch nicht einmal begraben, weil die Erde tief gefroren war. Erst im Frühjahr haben wie sie dann in Massengräbern beigesetzt.

Unsere Ernährung bestand aus einer dünnen Suppe, in der ein paar Kartoffeln und Krautblätter schwammen. Wir sollten hier antifaschistisch geschult werden. Der Soldat, der diese Aufgabe übernommen hatte, war ein ehemaliger HJ-Führer aus Hamburg, wie wir dann bei seiner Entlassung erfahren haben. Er gab sich als Kommunist aus, spielte aber ein Doppelspiel. Im Grunde war er ein Lügner, Betrüger und Schuft. Wenn wir morgens zur Arbeit ausrückten, wurden wir mit Schafsfellen, Pelzmützen und Pelzstiefeln ausgestattet. Die Temperatur betrug 30 Grad minus. Erst bei minus 40 Grad brauchten wir nicht zur Arbeit auszurücken. Die sibirische Kälte machte uns schwer zu schaffen. Wohin wir auch blickten, sahen wir nur Schnee und Eis.

Als der Frühling ins Land zog, blühte fast von einem Tag auf den anderen die Landschaft auf. Im Nu überzog ein sattes, kräftiges Grün die Felder. Auf den Wiesen blühten die Blumen. Nun wurden wir in ein anderes Lager ausquartiert. Ich wurde einem Traktorenwerk zugeordnet und stand den ganzen Tag an der Drehbank. Hier wurden wir besser ernährt und konnten uns sogar für etwas Geld Brot oder Wurst kaufen. Das war in den Jahren 1950 – 1953.

Eines Nachts wurde ich zu einem Verhör geholt. In einem kahlen, weißgetünchten Raum stand ein alter Tisch und dahinter ein wackliger Stuhl. Eine grelle Lampe tat meinen

Augen weh. Jemand, der sehr gut Deutsch sprach, verhörte mich. Zuerst redete er freundlich mit mir, fast wie ein Vater zu seinem Sohn. Er deutete an, dass er über alles, was ich im Krieg getan hätte, Bescheid wüsste. Wenn ich meine Schandtaten zugäbe, könnte ich sofort wieder ins Lager zurückgehen und mich ins Bett legen. Als ich mich weigerte und ihm sagte, dass ich ja keine Verbrechen begangen hätte, wurde er im Ton heftiger, ja sogar aggressiv. Er schlug mir mit der geballten Faust mehrmals ins Gesicht. Jetzt lief er wie ein wütender Bulle im Zimmer auf und ab. Ständig fuchtelte er mit seiner Pistole herum und bedrohte mich. Ich sollte jetzt endlich meine Straftaten gestehen. Mit aggressivem Unterton in seiner Stimme fragte er mich: „Welche Aufgaben hast du im Krieg gehabt?“ Ich antwortete ihm wahrheitsgetreu: „Ich habe Stellungen bauen müssen.“

„Woher hast du die Balken und das übrige Material genommen?“, forschte er weiter.

Ich sagte ihm: „Aus zerschossenen Häusern.“ Daraufhin schrieb er ins Protokoll: „Der Gefangene Holzhauser (Name wurde geändert) hat zehn Häuser zerschossen und die Balken zum Bau von Stellungen benutzt.“ Er drohte, mich auf der Stelle zu erschießen, wenn ich nicht meinen Namen unter das Protokoll setzte. Also unterschrieb ich mit zitternder Hand, denn ich hatte Angst um mein Leben.

Das Verhör hatte zwar nur eine halbe Stunde gedauert, aber mir kam die Zeit wie eine Ewigkeit vor. Ich wollte fort aus diesem Raum. Mir fehlte vor lauter Aufregung fast die Luft zum Atmen. Der Urteilsspruch war grausam: „Gefangener Holzhauser wird zu 25 Jahren Arbeitslager verurteilt.“

So, nun wusste ich, was auf mich zukam. Mir war klar, dass ich meine Eltern, Geschwister und Freunde nie mehr wiedersehen würde. Das Bild meiner Heimat, das mir immer vor Augen stand, wurde mir zur Qual. In Sibirien würde ich wohl umkommen. In dieser Kälte, dem Hunger und der Einsamkeit würde ich nicht überleben. Die harte Arbeit beim Gleisbau, beim Fällen der Bäume oder im Erzbergwerk würde mich ruinieren.

Aus dem Gefangenenlager wurde ich nun in ein Zuchthaus verlegt, in dem etwa 100 Sträflinge einsaßen. Manche waren zu zweimal 25 oder sogar dreimal 25 Jahren Haft verurteilt. Was hier geschah, war grausam, rechtswidrig und menschenunwürdig. Es verletzte die Genfer Konventionen auf brutalste Weise. Was hatte ich Übles getan? Ein paar Gräben hatte ich ausgehoben und sie mit Balken befestigt. Und nun war ich bis in alle Ewigkeit zu einer unglaublich hohen Strafe verdammt. Der Tod war mir sicher. Von meinen Lieben war ich abgeschnitten. Ich galt, wie ich später erfahren habe, von 1944 bis 1947 als vermisst. Wie würde es meinen alten Eltern, meinen Brüdern und Schwestern ergehen?

Dann aber kam ein Lichtblick in mein Dasein. Eines Tages erhielt ich über das Rote Kreuz ein Lebenszeichen von zu Hause und später sogar Briefe und ab und zu ein Päckchen. Gewiss, der Inhalt war meistens schon von Mäusen angefressen; aber das störte mich nicht. Die kleine rote Dauerwurst hat mir nie wieder so gut geschmeckt wie damals in Sibirien. Es war Wurst von zu Hause aus eigener Schlachtung. Nur ganz dünne Scheiben aß ich davon, denn ich wollte sie viele Male im Mund schmecken. Meine Verzweiflung wich. Im Dunkel meines Lebens leuchtete ein Hoffnungsschimmer auf. Ich erfuhr, dass meine Eltern und Geschwister noch lebten, täglich für mich beteten und sehnlichst auf mich warteten. Es erreichten mich auch Liebesgaben von der Kirche mit Zwieback, Schokolade und Wurstwaren. Diese Päckchen wurden von den Russen durchsucht, und ich bin mir nicht sicher, ob nicht auch einige Lebensmittel herausgenommen wurden. Die Bevölkerung in der Sowjetunion war ja selbst sehr arm und litt Not.

Von 1950 bis 1953 arbeitete ich in einem Traktorenwerk und musste für den Transport Maschinen verladen. Später wurde ich zu einer Baubrigade versetzt und leistete Handlangerdienste. Schlimm, ja bedrohlich wurden für uns Gefangene die Tage um Weihnachten. Da gingen meine Gedanken in vermehrtem Maße zu meinen Lieben nach Hause, und das Heimweh drückte meine Seele nieder. Immer wieder musste ich mir sagen: 25 Jahre Haft. Bis ich einmal entlassen werde, bin ich ein alter Mann. Werde ich diese harte Haftzeit überhaupt durchstehen? Zum Feiern dieses großen Festes der Geburt Jesu war uns nicht zumute. Aber es gab doch eine Überraschung. Die Suppe war besser, und für einen Tag brauchten wir nicht zur Arbeit zu gehen. Aber dann folgte wieder der alte Trott.

Ich war einem russischen Meister unterstellt, der uns oft drangsalierte. Er war ein Riese von Gestalt und hatte Hände wie Pranken. Einmal schlug er mich mit der Faust ins Gesicht, weil ich ein paar Minuten zu spät zur Arbeit erschienen war. Mir wurde schwarz vor Augen und ich brach unter diesem Hieb zusammen. Zum Glück blieb er nicht lange mein Vorgesetzter und ich erhielt einen neuen, verständnisvollen Meister. Als es mir körperlich sehr schlecht ging, holte er mich in sein Büro. Dort sollte ich mich ausruhen. Aber es wurde nicht besser mit mir. Ich erkrankte an Gelbsucht und wurde auf die Krankenstation verlegt. Nur langsam konnte ich mich wieder erholen.

Am 5. März 1953 drang die Nachricht zu uns durch, dass

Stalin tot sei. Das erfüllte uns mit Hoffnung. Vielleicht würde anlässlich seines Todes eine Amnestie für uns ausgesprochen. Und wahrhaftig, so geschah es auch. Wir mussten auf dem Lagerhof in Reih und Glied antreten, und der Kommandant verlas die Namen der Gefangenen, die unter die Amnestie fielen und nach Hause entlassen werden sollten. Mein Herz pochte vor Glück, als ich auch meinen Namen hörte. Nun würde ich bald meine Familie wiedersehen.

Aber dann trat ein Ereignis ein, das meine Hoffnung auf eine baldige Heimkehr zunichte machte. Am 17. Juni 1953 gab es in der sowjetisch besetzten Zone und vor allen Dingen in Berlin Aufstände. Die Menschen gingen auf die Straße und protestierten lautstark gegen die harten Arbeitsbedingungen, die ihnen auferlegt wurden. Um diese Protestaktionen niederzuschlagen, fuhren in Berlin russische Panzer auf. Die Arbeiter wehrten sich und warfen mit Pflastersteinen auf die heranrollenden Kettenfahrzeuge. Aber was können schon solche Steinwürfe gegen Panzer ausrichten? Der Aufstand wurde niedergeknüppelt. Es gab viele Tote. Für uns hatte dies zur Folge, dass wir nun doch nicht entlassen wurden. Wir waren deprimiert.

Erst im September 1953 öffneten sich für uns die Gefängnistore. Welch ein glücklicher Tag! Mit einem Zug fuhren wir 14 Tage lang bis nach Fürstenwalde. Dort wurde ich endlich nach fast zehnjähriger Gefangenschaft freigelassen. Sofort schickte ich meinen Eltern ein Telegramm und teilte ihnen meine Ankunft mit. Wir erhielten einen einfachen Anzug und 50 Mark als Entlassungsgabe. In einem schäbigen Koffer befanden sich die wenigen Habseligkeiten. Meine Wattejacke habe ich mir als ein Erinnerungsstück an die Zeit in Sibirien aufgehoben.

Am 6. Oktober 1953 traf ich in Rodewisch im Vogtland

ein. Mein Vater holte mich mit seinem alten Fahrrad am Bahnhof ab. Mit meinen 31 Jahren war ich körperlich und seelisch ein Wrack. Die Zeit in russischer Kriegsgefangenschaft und im Arbeitslager in Sibirien hatte mir alle meine Kräfte geraubt. Ich wollte wieder mit einer Arbeit beginnen, aber mir fehlte der Schwung. Alle vierzehn Tage musste ich mich bei einem Arzt vorstellen, der mich jedes Mal krankschrieb. Ein halbes Jahr dauerte meine Genesung. Meine Mutter päppelte mich mit herrlichem Essen auf und ich machte täglich weite Spaziergänge. Allmählich ging es mir besser. Kein Mensch kann nachempfinden, was es bedeutet, aus der Lagerhaft in die Freiheit entlassen zu werden. Über mein Erleben in Russland schwieg ich. Die Angst saß mir im Nacken; denn uns war vom Lagerkommandanten unter Strafe verboten worden, darüber zu reden.

Auch meine Seele wurde wieder heil. Meine Mutter besuchte mit meinen Geschwistern die Landeskirchliche Gemeinschaft. Ich wusste, dass sie mich nie vergessen hatten. Ihre Gebete um meine Bewahrung und Heimkehr hatte Gott erfüllt. Während der ganzen Kriegszeit war ich nie verwundet worden, wo doch einmal nur Zentimeter von mir entfernt eine Bombe explodiert war. Ich hatte im Unterstand gelegen und überlebt. Der christliche Glaube meiner Familie beeindruckte mich, und ich erinnerte mich wieder an meine Kindheit, in der ich mit herzlicher Liebe meinem Herrn Jesus nachgefolgt war. Es war ein Lied, das mich zu einer erneuten Hinwendung zu Jesus bewegte:

„Komm heim, komm heim, o du irrende Seel!
Von dem Vaterhaus fern
glänzt dir nirgends ein Stern.
O verlorenes Kind, komm heim, komm, o komm heim!
Komm heim! Komm, o komm heim!"

Vor einem Seelsorger bekannte ich meine Schuld. Was mich am meisten bedrückte, war der Besuch bei einer russischen Wahrsagerin. Aus meinen Handlinien sollte sie mir sagen, ob ich wieder nach Hause kommen würde und ob meine Eltern noch lebten. Welch eine Befreiung erfuhr ich dann durch die Vergebung Christi. Am Kreuz auf Golgatha hat er mit seinem Leben für meine Sünden gebüßt, und ich darf frei ausgehen. Trotz aller schrecklichen Erfahrungen in Krieg und Gefangenschaft bin ich doch wieder ein froher Mensch geworden. Gott schenkte mir eine liebe Frau an meine Seite, die in unserer Gemeinde Kindergottesdienst hielt. Später übernahm ich dann die Aufgabe meiner Frau und wurde sogar Leiter des Kindergottesdienstes. Wir führen eine glückliche Ehe, und sie ist mit drei Kindern gesegnet. Über fünfzig Jahre sind wir jetzt verheiratet. So ist mein Leben reich geworden. Ich kann nur staunen.

Autorenadresse:
Lotte Bormuth
Sperberweg 8a
35043 Marburg
Telefon 06421/41347

Weitere Bücher von Lotte Bormuth:

Was mich hoffen lässt
ISBN 3-86122-802-5
128 Seiten, gebunden

Lotte Bormuth ist in ihrem Leben schon vielen Menschen begegnet. In all diesen Schicksalen ist etwas Besonderes zu entdecken: Egal, wie grob der Teppich des Lebens geknüpft wurde – ist er fertig, dann erkennt man die Goldfäden der Liebe Gottes, die er unablässig hineingewoben hat. Seine Goldfäden sind es, die ein Leben wertvoll machen.

Staunen vor Glück
ISBN 3-86122-666-9
240 Seiten, gebunden

Dieses Buch enthält 60 kleine Miniaturen, die in fröhlichen, intensiven und dramatischen Farben den Weg illustrieren, den Gott durch unser ganzes Leben mit uns geht. Lebensbilder, die uns staunen lassen über Gottes Liebe.

Das Besondere: Zum Gelingen dieses „Jubiläumsprojektes" zum 70. Geburtstag von Lotte Bormuth haben Mitglieder ihrer Familie mit eigenen Texten beigetragen.

Liebe zählt immer
ISBN 3-86122-667-7
192 Seiten, kartoniert

Für ihre vielen Bücher schöpft die bekannte Autorin aus einem reichen Leben – reich an ernsten wie frohmachenden Erlebnissen mit ihrem Herrn. Daneben lässt sie die unzähligen Weggefährten zu Wort kommen, die ihr im Lauf der Jahre über den Weg geschickt und aufs Herz gelegt wurden.

Sternstunden des Glaubens
ISBN 3-86122-775-4
224 Seiten, gebunden

Der Apostel Paulus – Wulfila, Bischof der Goten – Johann Christoph Blumhardt – Dr. John Michaelis Barnardo – Vincent Van Gogh – Martin Buber – John Mott – Dietrich Bonhoeffer – Eva von Thiele-Winckler.

Die meisten dieser neun Persönlichkeiten sind uns bekannt. Mit ihren Namen verbinden sich Segensspuren, die uns begeistern können für Gottes siegreiche Herrschaft über diese Welt. Erleben auch Sie eine Sternstunde und lassen Sie sich inspirieren durch diese authentischen Porträts.

Die Autobiografie von Lotte Bormuth:

Und doch lacht mir die Sonne
Aus meinem Leben – Teil 1
ISBN 3-86122-733-9
144 Seiten, gebunden

Der Bogen spannt sich von Bessarabien, dem heutigen Moldawien, wo die Autorin aufwuchs, über die dramatische Flucht im Krieg bis hin zu einem Neuanfang und schließlich ihrer Eheschließung im Westen Deutschlands. Der Leser kann intensiv Anteil nehmen an den abenteuerlichen und heiteren Begebenheiten, die Lotte Bormuth auf den Stationen ihres Lebens begegneten.

Meines Lebens bunte Blätter
Aus meinem Leben – Teil 2
ISBN 3-86122-734-7
208 Seiten, gebunden

Der zweite Teil von Lotte Bormuth Erinnerungen setzt ein mit der Geburt ihres ersten Kindes in den fünfziger Jahren. Sie lässt uns teilhaben an den wichtigen und heiteren, aber auch den schweren Ereignissen ihres bewegten Lebens. Denn sie hat nur gute Erfahrungen gemacht mit der Bitte: *Jesu, geh voran auf der Lebensbahn ...*